RIRÓ!

"A SENHORA DAS POSSIBILIDADES"

coleção orixás

EUÁ

"A SENHORA DAS POSSIBILIDADES"

Cléo Martins

Rio de Janeiro
1ª edição | 2ª reimpressão
2019

Editor
Cristina Fernandes Warth

Coordenação editorial
Heloísa Brown

Coordenação da coleção
Helena Theodoro

Revisão
Marcos Roque
Heloisa Brown

Diagramação
Geraldo Garcez Condé

Projeto gráfico de capa e miolo
Luciana Justíniani

Todos os direitos reservados à Pallas Editora e Distribuidora Ltda. É vetada a reprodução por qualquer meio mecânico, eletrônico, xerográfico etc., sem a permissão por escrito da editora, de parte ou totalidade do material escrito.

CIP-BRASIL. CATALOGAÇÃO-NA-FONTE.
SINDICATO NACIONAL DOS EDITORES DE LIVROS, RJ.

M342e 1ª ed.	Martins, Cléo. Euá: a senhora das possibilidades / Cléo Martins. [ilustrado por Luciana Justiniani] – Rio de Janeiro: Pallas, 2006. il.– (Coleção Orixás: 4) 188p.: 18cm Inclui glossário e bibliografia ISBN 978-85-347-0249-2 1. Euá (Orixá). 2. Orixás - Culto. I.Título. II. Série.
01-1244	CDD 299.67 CDU 299.6.2

Pallas Editora e Distribuidora Ltda.
Rua Frederico de Albuquerque, 56 – Higienópolis
CEP 21050-840 – Rio de Janeiro – RJ
Tel./fax: (021) 2270-0186
www.pallaseditora.com.br
pallas@pallaseditora.com.br

À Talambé com amor e saudades.

SUMÁRIO

INTRODUÇÃO ♦ 15

APRESENTAÇÃO ♦ 19

PREFÁCIO ♦ 23

BREVES PALAVRAS INICIAIS ♦ 27

A RELIGIÃO DOS ORIXÁS ♦ 31

1 EUÁ, A SENHORA DO SEGREDO, DO ENCANTO E DA MAGIA ♦ 37

2 A DONA DO SABER DE DOIS MUNDOS: ORUM E AIÊ ♦ 51

3 NASCIDA FILHA DE UM REI E DE UMA RAINHA ♦ 55

4 EUÁ É DO AR, DA TERRA E DA ÁGUA DE BEBER ♦ 63

5 AS DIFERENTES ROUPAS DE EUÁ • 67

6 EUÁ E AI DIFERENTES NAÇÕES • 75

7 O QUE EUÁ GOSTA DE COMER • 81

8 EUÁ E OXUMARÊ • 83

9 A CUMPLICIDADE ENTRE EUÁ E OGUM • 89

10 ALGUNS FILHOS E FILHAS DE EUÁ • 93

11 OS FILHOS DE EUÁ DEVEM SER TRANSPARENTES • 99

12 A DANÇA DE EUÁ • 107

13 MITOS DE EUÁ • 115
QUEM NÃO OUVE AQUIETE, OUVE COITADO • 116
EUÁ DÁ FORMA À TERRA E AMPARA OS DESPROTEGIDOS • 120
EUÁ É PROTETORA DOS PEQUENINOS • 121
EUÁ SE TRANSFORMOU NA GALINHA E AROU A TERRA • 123
EUÁ TRANSFORMA O FEIO NO BONITO • 124

EUÁ FAZ DO CEGO O MELHOR ATIRADOR ♦	128
A BOCA DO FOFOQUEIRO ACABA COM A PRÓPRIA LÍNGUA ♦	130
O CINTO VIRA COBRA ♦	132
A COBRA "GBERIGBERI" NÃO LEVANTA A CABEÇA DUAS VEZES ♦	138
EUÁ DETERMINOU PRAZO PARA OS EBÓS ♦	139
A CRIANÇA RECÉM-NASCIDA ♦	141
EUÁ SE ENAMORA DE OXUMARÊ E VAI MORAR NO CÉU ♦	145
EUÁ NÃO DESEJAVA CASAR-SE ♦	147
EUÁ BRIGOU COM A GALINHA ♦	148
EUÁ MATA A SEDE DE SEUS REBENTOS ♦	150
EUÁ SE TRANSFORMA EM NEBLINA E SE ESPALHA PELA TERRA ♦	151
EUÁ: A MÃE DO SEGREDO QUE MORA NO CEMITÉRIO ♦	154
EUÁ FOI MORAR COM "IKU", A MORTE ♦	155
XANGÔ SEDUZ EUÁ, A PRINCESA ENCLAUSURADA ♦	158
EUÁ ESPANTA XANGÔ NO CEMITÉRIO E O BOTA PARA CORRER ♦	160
EUÁ NÃO COME CARNEIRO ♦	161
EUÁ VEIO PARA TRAZER DESCANSO ♦	164
POSFÁCIO ♦	167
GLOSSÁRIO ♦	171
BIBLIOGRAFIA ♦	183

Introdução

Reunir um grupo de estudiosos para escrever sobre os orixás, seu significado e sua importância na preservação da cultura e da identidade dos negros no Brasil é tarefa complexa, que se transforma num processo relativamente simples, quando se conta com a colaboração e o axé de Mestre Agenor, Mestre Didi, Mãe Stella de Oxóssi, Juana Elbein dos Santos, Marco Aurélio Luz, Ildásio Tavares, Cléo Martins, Roberval Marinho, José Flávio Pessoa de Barros, Nei Lopes, Luís Filipe de Lima, Dalmir Francisco e muitos outros companheiros de fé e de luta.

A coleção Orixás, ao lidar com as dimensões do sagrado, do ritual e do lúdico dentro da tradição negro-africana, busca evidenciar como o mistério e o maravilhoso são aspectos da vida social que caracterizam as raízes profundas da existência coletiva, já que o imaginário faz parte das coisas do mundo, dando-lhes ordem e sentido.

A cultura negra no Brasil criou estratégias próprias de resistência para uma população que não tem outras armas a não ser sua crença na vida, no poder do existir, na energia de seus orixás, que lhe propiciam axé – poder de realização –, fazendo com que vejam o lúdico como a maneira que o grupo encontrou para enfrentar o trágico ou para cumprir o destino. Assim, o negro reza tocando, cantando, dançando, comendo, usando o seu imaginário para lidar com mitos e ritos que permitem a continuidade do existir da comunidade-terreiro, que funcionam como limites que distinguem a tradição cultural negra da tradição cultural branca, estabelecendo, ao mesmo tempo, o intercâmbio entre o tempo e o espaço do terreiro e o da sociedade global. Tais limites caracterizam o poder de cada um desses contextos sociais.

Segundo os nagôs, Olórum é a força suprema, estando abaixo dessa força maior, as forças da natureza – os orixás e os espíritos dos antepassados – os eguns. As forças da natureza podem ser invocadas por meio de objetos (assentamentos) e de verdadeiros altares vivos (pessoas), que têm o privilégio de recebê-las em seu próprio corpo. Cada elemento que constitui o ser humano se deriva de uma entidade de origem (orixá), que lhe transmite suas propriedades materiais e seu significado simbólico, sendo fundamental venerar esta matéria de origem, para que se possa prosperar e ter proteção no mundo.

Helena Theodoro

APRESENTAÇÃO

Há centenas de anos, quando os primeiros negros aportaram nesta terra, com a sua carga de sofrimento, dor e religiosidade, deu-se início a um fluxo de informações e conhecimentos, entre os indivíduos das diferentes nações, que juntos compartilhavam daquele triste degredo. Era o começo de uma tradição que fundamentou os princípios do candomblé: o conhecimento passado de irmão para irmão e de pai para filho através da oralidade, até os dias de hoje.

Hoje os tempos são outros; a dinâmica de nossas vidas e o isolamento provocado pelo turbilhão que é viver neste início de milênio obriga-nos a uma mudança de atitude: torna-se necessário recorrer a informações escritas. Já não há mais tempo para longas conversas que atravessavam as lânguidas tardes das casas, mas não podemos deixar que se perca no esquecimento esse tesouro religioso, guardado à custa de tanto sofrimento.

Conscientes dessa necessidade, os autores Cléo Martins e Roberval Marinho, filhos diletos do Axé

· EUÁ ·

Opô Afonjá, brindam-nos com esse livro que traz profundas informações e belas lendas, sobre uma tradição finíssima que é o culto a um dos mais importantes orixás de nosso panteão e que, apesar disso, é tão pouco conhecido, o Orixá Euá, denominado por eles "a Senhora das Possibilidades".

Esse trabalho só poderia ter sido levado a efeito por alguém com profundo conhecimento religioso, pois certamente requereu muito mais do que cansativa pesquisa em bibliotecas e trabalhos publicados; também, e principalmente, foram colhidas informações em uma verdadeira garimpagem da boca de velhas senhoras e sábias sacerdotisas dos diversos terreiros de candomblé da Bahia, onde os autores, tão queridos em todas essas casas, têm livre trânsito e são considerados filhos de todas elas, com honras e assentos.

Essa particularidade faz desse trabalho, agora entregue à sua leitura, não um amontoado de informações estéreis e acadêmicas, mas um registro de várias horas de longas conversas e depoimentos com as mais famosas ialorixás e sábias filhas-de-santo dos

• EUÁ •

diversos candomblés das várias nações que cultuam a religião dos orixás – o candomblé da Bahia – rico em fundamentos e de onde emana todo o axé.

A leitura dessa obra, pela forma e clareza como é apresentada, coloca-nos como interlocutores desse velho e sábio "povo-de-santo" e Euá, a senhora das possibilidades, a que "transforma o feio em bonito", a que "faz do cego o melhor atirador", transformará essa leitura, no aconchego dos nossos lares, em uma cálida e agradável conversa à volta de uma fogueira, em um secular terreiro da Bahia, escutando a voz de uma velha filha-de-santo a contar as lindas histórias que nos serão oferecidas.

Bem-vindos aos encantos de Euá.

Francisco Jorge de Codes, Okan Ewe – Presidente da Sociedade Cruz Santa do Axé de Opô Afonjá, Ogã de Ossâim.

Prefácio

Euá, a Senhora das Possibilidades é mais que uma obra literária religiosa; é também um documento histórico que busca preencher uma das grandes lacunas encontradas na religião afro-brasileira. Os autores, nossos amigos e irmãos dos quais muito nos orgulhamos, souberam transmitir, numa linguagem direta e fascinante, a essência de uma das divindades mais complexas do panteão iorubá, da qual pouco se fala e menos ainda se escreve.

Através da linguagem simbólica utilizada pelos autores na reconstituição dos autênticos mitos acerca de tão enigmática divindade, "Iyewá", orixá dos mistérios que tanto se vela, sutilmente se revela em toda a sua plenitude. Enquanto delineia os complexos traços míticos da Senhora da Sabedoria dos Dois Mundos, a obra permeia a história da religião afro-brasileira trazendo-nos, a um só tempo, valiosas informações acerca das diversas e importantes comunidades religiosas criadas ao longo dos anos, e das grandes figuras que contribuíram e/ou contribuem para a preservação das tradições afro-brasileiras.

Através da universalidade de "Iyewá", a obra também nos mostra que, para nossos antepassados, a diversidade tradicional inerente à religião afro-brasileira não se constituía em uma desunião entre as diversas "nações de candomblé", assim como a suposta hegemonia desta ou daquela nação não era por eles reconhecida. Segundo os ensinamentos que nos foram legados pelos mais velhos, o importante é adorar nossos ancestrais divinos e/ou divinizados e a adoração aos ancestrais é um fator comum na diversidade religiosa afro-brasileira. Souberam os autores, como lhes é peculiar, repassar os profundos conhecimentos adquiridos ao longo dos vários anos de desprendimento e dedicação religiosa, em uma forma deleitante e expressiva, de modo que poderão ser facilmente compreendidos por estudiosos e por acadêmicos, assim como por leitores leigos.

O texto, escrito em estilo coloquial, cria um caloroso processo de interação autor/leitor que permite

• EUÁ •

uma fascinante viagem conjunta em torno do mistério da aiabá da magia.

O simples relato de uma sacerdotisa tão bem conceituada no universo religioso afro-brasileiro como é Cléo Martins, por si só consistiria em uma obra-prima. Contudo, os autores resolveram somar conhecimentos e optaram por fazer uma pesquisa exaustiva, recolhendo e compilando os mais preciosos documentos existentes sobre o assunto – os mitos autênticos – e os depoimentos de diversos representantes honrosos da tradição afro-brasileira, na grande maioria seus íntimos. Isso, de certa forma, transformou o que seria um trabalho árduo num verdadeiro deleite, e culminou com esta raridade literária-religiosa que se constitui em um documento fundamental para o autoconhecimento dos premiados filhos de "Iyewá".

Como autênticos filhos de Oiá e Ogum, os autores enveredaram com bastante audácia no mundo literário-religioso e, conservando a ética, que também lhes é peculiar, de preservação dos segredos, produziram uma das mais polêmicas obras sobre tema tão fascinante.

Acreditamos que este livro muito contribuirá para a formação não só dos ingressos na religião afro-brasileira como também dos estudiosos, pesquisadores e curiosos sobre essa matéria.

É uma honra para nós fazermos parte de uma mesma família.

Moacyr Barreto Nobre – Babalorixá do Ilê Axé Ogum Alakayê e Balogum do Ilê Axé Opô Afonjá – Conselheiro de Honra da Sociedade Civil Nanà Ìyalodé Àiyé.

Marcos A. Santos – Olorixá do Ilê Axé Opô Afonjá – Presidente do Conselho Superior da Sociedade Civil Nanà Ìyalodé Àiyé do Ilé Ase Òpó Olu Ode Àlàyedá.

Maria do Socorro Sapucaia Sepúlveda Netto – Olorixá do Ilê Axé Opô Afonjá, Diretora–Presidente da Sociedade Civil Nanà Ìyalodé Àiyé do Ilé Ase Òpó Olu Ode Àlàyedá.

Abril/1999

Breves palavras iniciais

"Iyewá" – ou Euá, maneira de escrever o nome deste orixá feminino em língua portuguesa – é um livro que custou a sair.

Graças a Deus, parece que tudo está terminado, após dias, dias e mais dias de trabalho com afinco.

Muito papel e tinta de impressora foram consumidos; as idéias misturavam-se como cartas de baralho em um jogo de adivinhação, levando-nos ao total desespero. Quando tudo ia muito bem, o computador enlouquecia, embaralhando as páginas prontas, feitas com determinação e coragem.

Eu juro que a própria Euá – a senhora dos disfarces, da arte, da música e da poesia, a mãe-protetora dos artistas – participou, passo a passo, da elaboração destas linhas, e somente está sendo exibido e publicado o que ela consentiu. E – acreditem – ela é um orixá bastante temperamental e não aceita acordos, ainda que regados com lágrimas de desespero!

O babalaô Agenor Miranda Rocha, filho dileto de Oxalá e Euá, deu grandes e gostosas gargalhadas quando eu lhe disse, ao telefone, que cada página deste pequeno livro precisava de um ebó... Nem sempre o que era escrito agradava e merecia a leitura de terceiros...

Cheguei a dizer para Mãe Stella – a primeira leitora e crítica de cada palavra escrita – que o livro sobre Euá parecia o bordado de Penélope: à noite era desmanchado o que se fizera durante o dia.

Finalmente, aí está o resultado de muito tempo de pesquisas, fruto da convivência movimentada com nosso amado e digno povo-de-santo.

Agradecemos a todos os irmãos e irmãs, das muitas e diferentes casas e nações, a colaboração e o apoio recebidos, sem os quais esta obra não teria razão de ser: a maioria dos mitos narrados, a gente "cresce ouvindo" nas rodas de candomblé dos diversos terreiros.

Agradecemos a Mãe Stella de Oxóssi, ialorixá do Axé Opô Afonjá, nossa mãe, o imenso amor, a confiança e o incentivo recebidos.

Agradecemos, com carinho, a confiança das amigas e professoras Helena Theodoro – a organizadora desta coleção –, e Cristina – da Pallas Editora –, que proporcionaram a oportunidade que tivemos de falar

• EUÁ •

um pouquinho deste orixá feminino, padroeira das artes, senhora da sensibilidade, paixão de Roberval Marinho, Doutor em Belas-Arte, responsável por parte das pesquisas realizadas.

Agradecemos ao babalorixá Moacyr Barreto Nobre, o balogum do Opô Afonjá e aos irmãos Marcos e Socorro – ambos de Oxóssi – pelo carinho derramado no prefácio.

Temos viajado juntos nos sonhos concedidos por Euá.

Dedicamos este trabalho a todos os filhos e filhas de Euá, na pessoa de Maria Cristina dos Santos, Iyewádelonan (filha-pequena do médico e ogã Ribamar Feitosa, meu primo); às memórias de Mãe Cleusa Millet de Nanã e Ojé José Laureano dos Santos de Oxumarê (pai de Cristina); e ao Grupo Circo Alegria do Povo, da Vila Esperança de Goiás, formado pelos companheiros de estrada Robson Max do Opô Afonjá – nosso irmão Odé Ofalomi, filho-pequeno de Marcos de Oxóssi –, Pio e Lucia, Rosângela, Regina e Juninho, dileto filho de Xangô.

Sem o amor que os artistas têm pela vida, o que seria do Amor? Robson Max e os companheiros da

Vila Esperança têm colaborado para a construção de um mundo mais colorido, mais doce, mais amável, no qual a igualdade entre os seres humanos existe e todos têm o direito à vida.

Euá também mora na Vila goiana cheia de árvores, pássaros e sonhos, onde cada centímetro – o quilombo, a brinquedoteca para o uso de crianças carentes, o castelinho europeu, a Escola da Tia Rô, o bosque, as cascatas e as fontes, o circo, a sala de dançaterapia, o anfiteatro – monumento latino-americano, o minizôo etc. – foi construído com paixão e esperança.

A Vila fica bem em frente ao Mosteiro beneditino da Anunciação do Senhor, dirigido por meu irmão Pe. Marcelo Barros, companheiro de estrada na certeza de um mundo melhor.

Euá deita-se nas raízes do velho jatobá do mosteiro, mergulhada na contemplação da beleza da noite, ao som de ***completas***.

Cléo Martins – Agbeni Sàngó do Ilê Axé Opô Afonjá, Julho de 2000.

A religião dos orixás

Diferentemente das religiões patriarcais, há no candomblé orixás femininos e masculinos, orixás pais, orixás mães, orixás de água, fogo, ar, árvore, montanha, todos vivos em seus filhos e filhas. O Criador é Criadora, filho e filha, gente, animal, planta, árvore, tudo que existe e muito, muito mais do que a gente pensa e sabe contar.

A religião dos orixás é a voz da natureza, contada por um povo excluído por muito tempo e que, por muito tempo, teve vergonha de sua história e de suas raízes africanas. Hoje em dia, ela é a fala do confronto cultural daqueles e daquelas que, por amor, sobrevivência e auto-estima, souberam questionar e lutaram contra todo tipo de lavagem cerebral, sem medo de resistir. A festa dos orixás, realizada nos chamados barracões das casas de candomblé, é a maior expressão de suas vozes. A gente come, bebe e celebra o deus-deusa da vida que se multiplica e se transforma na unidade dentro da diversidade; o

• **EUÁ** •

---

importante é a festa que se celebra na contemplação dessa natureza viva, sempre viva, que reúne homens e mulheres, animais, vegetais e minerais em perfeita interação. O sagrado é vivido no cotidiano, e só se vive vivendo; todos precisam de todos, todos dependem uns dos outros e cooperam entre si, pois o ser humano quer ser feliz e a felicidade é aqui e agora.

O horror da escravidão foi o responsável pela boa convivência de orixás, voduns e inquices no desterro; a necessidade da sobrevivência de seres humanos massacrados pelo sistema colonial juntava as diferentes etnias, misturava línguas, unia o embrionário povo-de-santo. Esta junção dos deuses africanos implicou no nascimento do candomblé do Brasil, do vodu do Haiti, da santeria cubana, além de outras religiões afro-descendentes.

Há cultos que emigraram do Novo Mundo para o continente africano, quando da volta de várias gerações de "retornados", quais sejam, os africanos e seus descendentes que voltaram para a África, – os agudá da Nigéria e Benim –, lá ganhando adeptos.

• EUÁ •

Na Bahia, tivemos o surgimento dos candomblés jeje-nagôs, onde orixás e voduns convivem, sobrevivem e perpetuam os cultos primordiais, hoje em dia assimilados, sincretizados e transformados em outros tantos.

Os candomblés das nações jeje e angola-congo uniram-se na Bahia num matrimônio feliz, fato que precisa de registro. O Terreiro Bate-Folha (Mansu Banduquenqué), comunidade respeitadíssima da nação congo, fundada pelo "Tateto Inkice" Bernardino, no começo do século, em louvor aos inquices Bamburucenavula (a Oiá-Iansã dos iorubás) e Tempo de Abanganga, é o sucessor, no espaço sagrado, de um antiquíssimo terreiro jeje. Ainda existem nele voduns centenários, que são zelados pela comunidade congo.

O Bate-Folha e o Tumba Junçara, este fundado há mais de oitenta anos por Tateto Ciriáco (Manuel Ciríaco dos Santos), fazem rituais secretos na nação jeje e dominam como poucos o culto de Bessém (o correspondente a Oxumarê para os nagôs), bastante complexo.

· EUÁ ·

É perfeita a convivência do angola com o jeje, o que nem sempre acontece entre o jeje e o ketu, por motivos históricos relacionados com o tráfico dos escravos. Mas as rusgas do ketu com o jeje não impediram o intercâmbio religioso e cultural: o jeje diz que "vai botar uma iaô de Oxumarê" (o nome das iniciadas para eles seria vodunci, e não iaô; e Oxumarê corresponde a Bessém); o ketu manda a ekede (expressão jeje) mandar o ogã (*idem*), dizer para a dofona (*ibidem*) trazer o gã do roncó...

· EUÁ ·

1 | Euá, a senhora do segredo, do encanto e da magia

"Iyewá", ou Euá, a dona do rio e da lagoa "Iyewá", situada na Nigéria (oeste da África), é um orixá feminino (uma aiabá) muito arisco e de culto cada vez mais raro.

Não é a todos os "olhadores" que esta aiabá se mostra nos jogos de búzios, apresentando-se, ora como Oxum, ora como Oiá, e às vezes até mesmo como Iemanjá, o que leva muitos sacerdotes e sacerdotisas ao total desespero. Atributos de Oiá e de Oxum estão contidos em Euá: transformação, guerra, caça, feminilidade, disfarce, poder, pioneirismo, encantamento, praticidade, beleza.

Tamanha é a semelhança deste orixá com a deusa das águas doces que, no Maranhão, os jeje-mina acreditam que o vodum feminino Eová, também conhecido por Eoá, da família de Dambirá, filha de Azonce, é a mesma Oxum dos iorubás, havendo, ainda, quem acredite que a senhora dos disfarces seja uma qualidade de Oxum e até mesmo de Iansã e de Iemanjá.

Desta forma, se alguém tiver desconfianças sobre esta ou aquela Oxum que saiu no jogo, aquela Iansã ou Iemanjá e até certa Nanã, não hesite: procure o desempate com alguém que saiba ver nos búzios com muita sensibilidade.

Normalmente, Euá só se apresenta após alguns rituais específicos, partindo do coração para os olhos do olhador. Isso quer dizer que ela se mostra somente para quem quer e quando bem entende. E assim procede, não porque queira divertir-se – seu senso de humor não é dos melhores –, mas porque

• EUÁ •

é a senhora da vidência, muitas vezes herdada por seus filhos, os eleuás ou euacis, a exemplo do babalaô Agenor Miranda Rocha, o sábio.

Em Ilê Ifé, Nigéria, Euá é conhecida como "Yeye Iwara", "mãe do caráter maravilhoso". Há diversas traduções para seu nome, mas preferimos "senhora da beleza", no sentido de encanto, fascínio: ela é a mãe que tem poder sobre o belo.

Euá é um orixá de culto refinado e exótico; a sofisticação faz parte do próprio caráter desta aiabá. Alguns mitos apresentam-na como uma mulher correta, virtuosa e bastante bela, que detesta "fuxicos" e que falem alto perto de seus assentos. Euá não suporta ouvir palavras de baixo calão ou ditos ofensivos, de mau gosto.

Euá protege as donzelas e as mulheres que não conseguem engravidar. Apesar de existirem mitos nos quais é casada e mãe de filhos, ela é conhecida como o orixá da castidade; enfurece-se ao mencionarem-lhe afetos íntimos e coisas que não dizem respeito a ela, amante da solidão e silêncio. Ela se

• EUÁ •

envaidece ao olhar seu belo reflexo nas águas dos rios onde mora, mas não admite que homens tocados por sua beleza rara lhe fitem os olhos, sob pena da imediata perda da visão por esses enamorados indesejados.

As fúrias de Euá são temidas por outros orixás guerreiros, os quais fogem em disparada diante da simples ameaça das tempestades da tigresa casta. Nem Oiá-Iansã, a intrépida senhora dos ventos e das tempestades, consegue vencê-la em matéria de turbulência: Oiá, conhecida por seu temperamento apaixonado e colérico, esquece-se das brigas com grande facilidade depois que a tempestade passa, o que não ocorre com Euá, que é vingativa e ressentida. Suas explosões são sem retorno; quando enfurecida, Euá põe para fora os pontos fracos dos adversários de forma implacável e verdadeira, sem piedade.

De natureza intrépida, Euá é menos sensual que Oiá, mas igualmente apaixonada por Xangô; mas o é ocultamente, e não o admite nem em pensamento:

• EUÁ •

há quem diga que Xangô tentou possuí-la à força, sem êxito.

Euá identifica-se com Ogum, o senhor dos caminhos, pelo amor à verdade e o repúdio à mentira; quem quiser que invente uma "patota" na frente de Euá e Ogum, para ver o que acontece! Ela não aceita que seus filhos e filhas cometam injustiças pensadas e traições. Para esta aiabá muito correta, isso é inaceitável e, quanto mais o eleuá pedir desculpas, menos a senhora do mistério concederá perdão, o que a aproxima muito do Orixá Oxóssi, o grande atirador, implacável com os malfeitores.

Iroco, o orixá da árvore sagrada e árvore-orixá, mestre-feiticeiro, nutre paixão por Euá, sua mestra e rainha (contam os mitos que ela ajudou Iroco a crescer), apesar de a convivência entre os dois não ser das melhores. Mesmo assim, a senhora dos encantos deita-se rias suas raízes nas noites de lua cheia, no horário em que ninguém de bom senso se atreveria a visitar um pé de Iroco; e fica contemplando a beleza do céu estrelado e da lua, em silêncio eloquente, ouvindo o vento cantar...

· EUÁ ·

Só mesmo ela e mais um ou outro orixá, a exemplo de Ogum e Aganjú, e os habitantes da noite e das profundezas das florestas, convivem com os demais seres frequentadores de Iroco, após o pôr-do-sol, quando tudo está escuro. Tamanha é a relação íntima entre o orixá-árvore e a senhora das percepções, que muitos acreditam no casamento espiritual de Iroco com Euá, a começar pelo povo do importante candomblé do Gantois, em Salvador, Bahia, em cujas festas dedicadas a Iroco, as filhas de Euá se animam e fazem as honras da casa.

Euá é caçadora e protetora da caça e dos animais da floresta e **divide com Obá** a condição de padroeira das amazonas. E a senhora das poções e dos venenos, tendo o dom de proteger contra doenças infectocontagiosas e picadas de serpentes venenosas. Ela tem o poder de castigar os maus, os agressores da natureza, que é seu habitat, privando-os, em todo ou em parte, das chamadas sensações perceptivas: se alguém não percebe o gosto da comida e o perfume das manhãs; se começa a escutar música

• EUÁ •

barulhenta e sem qualidade, alto demais; se deixa de ver o verde das florestas, com certeza invadiu os domínios da senhora das percepções e incorreu em seu desagrado.

Nas matas, Euá confunde os invasores com sons de pássaros, gargalhadas e chocalhos de cascavéis; com o aparecimento de cobras e bichos peçonhentos; com águas em movimento e reflexos de cores avermelhadas, do coral ao amarelo forte, seus tons prediletos; confunde-os, também, quanto ao odor das coisas: cria o cheiro de fumaça que não existe, de alimentos imaginários, de essências raras que se transformam em fétidas e repulsivas.

Quem começa a se aproximar dessa Diana d'África – dessa aiabá da magia e de todas as linguagens artísticas, verdadeira Artemis iorubá – e mantém os olhos bem abertos, apaixona-se por ela, pois é a padroeira de tudo o que é belo que temos na terra e que os sentidos percebem. Euá é a senhora da sensibilidade, dos sentidos, da percepção, das belas-artes, da poesia; é a padroeira do místico, do mágico, da transformação, de todos os encantamentos e feitiços.

Euá carrega no adô – sua cabaça mágica, também conhecida por aracolê – um pó encantado, o ofó, que a protege dos inimigos e a faz desaparecer sem que se saiba como nem porquê, ou camuflar-se, dando-lhe, também, o dom de transformar-se no que quiser e bem entender. Assim, apesar de ser belíssima, uma das mais belas aiabás, o que a aproxima de Oxum, a senhora da faceirice, Euá, senhora dos disfarces, apresenta-se do jeito que quiser e conforme a vontade do momento: mostra-se como fada ou bruxa, velha ou moça, rainha, serva; como pássaro, principal sinal do elemento feminino, o que a faz ser Elèyé (feiticeira que se transforma em pássaro) ou como serpente, animal sobre o qual exerce poder e fascínio, símbolo de sabedoria e antiguidade, e com quem tem grande cumplicidade e aliança. Nessas horas identifica-se com "Iyá mi Osóronga", a terrível mulher-pássaro, chefe das feiticeiras.

• EUÁ •

Euá é a senhora da transformação e da invisibilidade, o orixá que age sobre a imaginação dos seres vivos e trabalha as sensações, estabelecendo o conhecimento das coisas e a memória; deve-se a ela a própria lembrança das coisas e a capacidade de aprendizado. Deusa das imagens, possibilita toda sorte de representação e de vivificação, quer seja no real ou imaginário.

Euá é a senhora da música, o produto de todos os sons existentes na natureza reunidos de forma harmônica. Os sons agem na emoção, causando bem-estar, prazer, ou repúdio e dor; Euá possibilita que os ouvidos distingam e classifiquem os diferentes sons. Agindo sobre os sentidos, separa a harmonia da desordem musical, propiciando o discernimento dos sons, fazendo com que reconheçamos os harmônicos e os desafinados, desordenados perante a sensibilidade. Por isso, ela também é conhecida por "Iyewá Korin" – a senhora do "canto mágico", "Iyewá sòro" – "da fala que encanta" e "Iyewá òfun" – "aquela que propicia a oitiva e compreensão do vocábulo".

E a tradutora universal, a que possibilita o aprendizado de vários idiomas e o entendimento de todos eles, criando, também, a persuasão pela "fala que encanta", pela força do discurso, pela magia da palavra pronunciada.

Tudo isso leva à percepção do belo nos diferentes graus até o êxtase, o estado de graça causado pela união Orum-Aiê, fruto da contemplação da beleza e do Amor. O êxtase transporta os humanos ao Orum, caminho exclusivo de retorno.

Euá age sobre o que temos de mais belo: nosso espírito. É ela quem transforma um mero artesanato em uma obra de arte; e arte é eterna, não tem tempo nem lugar. Euá é a aiabá dos ornamentos e da decoração, a "Iyewá ohun òsó", a "feiticeira de todas as coisas". Ela modifica os objetos pela arrumação, transformando o ordinário no belo.

É também quem age em nossa emoção para que percebamos a verdadeira arte, criando o liame entre o artista e o admirador da arte. A força de Euá pode conceder ou retirar a visão, a audição, o olfato e o

· EUÁ ·

tato, porque ela age sobre a emoção que sentimos perante toda e qualquer forma de arte inventada pelo ser humano e presente na natureza.

Por sua ligação com as artes, o senso artístico, o bom gosto e tudo quanto é belo e passa pelos sentidos, Euá é a padroeira dos artistas em geral: pintores, atores, escultores, escritores, jornalistas e, de forma especial, os mágicos e ventríloquos.

Assim, Euá é, por excelência, "Iyewá ewarí", a senhora da percepção, mas também é "Iyewá egán", a senhora que pode causar a demência. Pela percepção, a diferenciação das letras e a reunião delas, aprendemos a formar palavras e a repeti-las de várias formas; pela privação dos sonhos, o humano é levado à loucura.

Euá é a senhora dos sonhos. E a responsável pelo transe, pela fantasia que nos envolve, podendo ser chamada, também, de senhora da esperança. Tem o poder de governar o sono de homens, mulheres e crianças, concedendo-lhes sonhos alegres, repousantes e coloridos, ou pesadelos terríveis, tal qual os íncubos das crenças populares romanas, que levavam as pessoas ao terror, privando-as do repouso durante o sono conturbado.

Euá também pode impedir alguém de sonhar; isto leva ao castigo mais atroz imposto pela dona das percepções, que é a loucura, o desvario, a histeria e a perda do bom senso que leva ao ridículo público – algo que ela não tolera. Infratores de suas regras podem ser castigados com todos os tipos de demência, desde a mansa, até as piores formas de insanidade.

Euá gosta de pregar peças nas pessoas que não a conhecem, ou que deixam de reconhecê-la, escondendo coisas ou fazendo com que as pessoas não reconheçam o objeto procurado. É a responsável pelo crescimento dos seres, tanto do reino animal como vegetal, podendo transformar-se no que desejar, até mesmo na galinha, animal proibido para seus filhos por razões diversas: há um mito que diz ter-se Euá transformado nessa ave para aplainar a terra; outro, no qual a galinha trouxe-lhe problemas e humilhações, sujando sua roupa lavada.

Euá domina as ações secretas em todos os níveis, da camuflagem à metamorfose. Pode tomar a cor que quiser, propriedade de alguns animais como o camaleão, aliado da senhora dos sentidos e "ewó" em seu culto. Por isso, o principal pedido que se faz a Euá, em época de grande necessidade, é de que sejamos invisíveis para os inimigos, que desapareçamos perante olhos e ouvidos dos nossos desafetos.

2 | A DONA DO SABER DE DOIS MUNDOS: ORUM E AIÊ

Olodumarê-Olórum, quando fez o mundo, os demais orixás e todas as coisas que existem, encarregou sua filha pensadora, Euá, de ser a senhora da sabedoria e visão, a Palas Atena dos iorubás, a decifradora-comunicadora dos símbolos existentes que juntam e separam o Orum do Aiê, fazendo dela a grande guardiã do conhecimento e a tradutora universal.

Uma das versões da gênese iorubana salienta que Olórum, o "Senhor do Orum" (o infinito), é o senhor absoluto do saber, tendo criado dois poderes fundamentais para a regência do universo e da própria vida: os princípios masculino e feminino, regidos por Obatalá e Odudua, respectivamente.

Obatalá e Odudua estabeleceram a diferença – dualidade e interação, repulsão, união e síntese de todas as coisas. A um mesmo tempo em que coexistem e interagem, eles competem, entram em conflito, unindo-se na diversidade.

Assim quis Olodumarê. Assim é.

Euá, que é "ewarí", a senhora da percepção, estabelece a diferença entre o masculino e o feminino, separando o dia da noite, o claro do escuro, o quente do frio e assim por diante. Ela é o poder sobre a percepção de todos os seres, com o dom de fazer aparecer e desaparecer coisas, quer estejam na terra, Aiê, ou se encontrem no Orum, o céu. Ao lado de Iroco, princípio masculino que forma a ponte entre o céu e a terra, ela é a guardiã da fronteira que separa o Aiê do Orum, impedindo que os dois se fundam novamente, o que seria o caos. Ela é a eternidade, a dona do saber dos dois mundos, aquela que liga

• EUÁ •

o conhecimento entre Orum e Aiê, que organiza e classifica o contato entre os dois.

Segundo a teologia iorubá, o Orum é nosso ponto de partida. Nessa tradição, o Orum é o local de origem, onde cada um e cada uma escolhe o próprio "ori", o que implica a escolha do destino, algo mais ou menos semelhante ao carma do Oriente, apesar de o destino (odu) poder ser trabalhado por intermédio de ebós (oferendas).

Euá também auxilia nesta escolha difícil do ori, se for solicitada. Ajuda as gestantes e os pais de nascituros na construção de seus filhos, na escolha deste ou daquele nariz, do formato dos olhos, embora, a exemplo do ori, prevaleça a liberdade de opção dos seres humanos, o que resulta na existência de pessoas bonitas, feias ou comuns.

Do jeito que somos no mundo em que vivemos e onde estamos, não suportaríamos o contato direto, a olhos nus, com o Orum, que é o mundo ideal, diverso do Aiê, a terra, que é o mundo real. Não aguentaríamos a diversidade perceptiva entre as duas realidades.

· EUÁ ·

Euá, a dona do saber dos dois mundos por direito próprio, responsável pela passagem perceptiva de um para outro, de um estado para outro, é quem proporciona a suavização das mensagens, cifrando-as, impregnando-as de símbolos, quebrando, muitas vezes, sua sequência lógica e conferindo-lhes um toque poético, impedindo, com estes artifícios, que a consciência humana – "espaço Aiê" – tenha o choque do contato com a linguagem, a musicalidade e o colorido do mundo paralelo, o Orum, que também é o mundo dos sonhos. Recebe-se a mensagem sem que se tenha a visão nítida do Orum, mas apenas uma vaga lembrança.

Oiá, considerada irmã de Euá em algumas tradições religiosas de origem iorubá (v.g. terreiro do Gantois), é a encarregada do transporte espiritual entre os nove céus e a terra, segundo a tradição dos iorubás. À Euá foi dado o poder de comunicar-se entre os seres de vários níveis, bons e maus e de ser a guardiã da sabedoria, a padroeira da inteligência perceptiva. As duas aiabás trabalham em parceria e são cúmplices inseparáveis.

3 | NASCIDA FILHA DE UM REI E DE UMA RAINHA

Euá é considerada filha de Oxalá (Obatalá) e Odudua, as duas metades da cabaça que compõem o Orum e o Aiê, o casal mais poderoso do universo. Todavia, há itans nos quais é filha de Nanã, a poderosa aiabá anciã. Tal condição lhe dá o título de "Bimooyè", nascida filha de um chefe, de um rei. Existem mitos conhecidos sobre a criação do mundo, cujos personagens principais são Odudua e Obatalá, nos quais há a participação de Euá.

Obatalá e Odudua são divindades *funfun* (do branco), que se vestem de branco, impondo tal euó (proibição) a seus filhos: sacerdotes e sacerdotisas de Oxalá trajam-se necessariamente com roupas de cor branca.

Falar de Odudua é complicado, muito polêmico. Alguns o consideram um orixá feminino, a esposa de Oxalá, a rainha da terra. Outros, consideram Odudua uma qualidade ou um tipo do próprio Oxalá. Para o povo de Ilê Ifé, Odudua é um príncipe guerreiro, o pai dos iorubás.

Não nos cabe discorrer sobre assunto tão complexo. Entre as várias vertentes, optamos por aquela que considera Odudua a divindade feminina da criação, esposa de Oxalá, a metade inferior da grande cabaça que simboliza o Universo, mãe de Euá e Ogum, embora este, na maioria dos mitos, seja filho de Iemanjá. Obatalá criou a vida e todos os seres vivos, cabendo a Odudua a criação da matéria, origem da vida.

Odudua é a Senhora do Universo, o grande útero universal, com poder de comando sobre as mulheres. É uma divindade ligada aos elementos terra e ar, e o único orixá *funfun* que quebra o preceito do uso obrigatório do branco (seus sacerdotes usam um elemento de cor preta) e que ingere azeite-de-dendê (epô), o pior euó de Obatalá. Odudua é chamada de Iabá, a grande mãe, a deusa da terra. Tem a possibilidade de conceder longa vida, sendo a responsável pela menstruação das mulheres, pela reprodução e a fecundação.

Odudua não enxerga pelos olhos, mas por outros sentidos. Diz o mito que Obatalá arrancou seus olhos, acometido por um ataque de fúria, em virtude da constante tagarelice da mulher, que tinha voz muito estridente e desafinada. Ela não parava de falar, queixando-se da vida aos berros.

Há itans que a apresentam como a "alatare", a senhora da pimenta-da-costa (atare), portadora de axé.

Odudua é dotada de temperamento irascível, terrível, de difícil convivência. E dotada de grande inteligência, senso crítico, autoritarismo e poder de dominação pela força, sobre tudo e todos. Tem a aparência de uma mulher comum e temperamental, lasciva, muito consciente do imenso poder que tem em suas mãos.

Odudua não suporta a beleza das coisas; a saúde e a prosperidade alheias podem provocar sua ira e uma vingança implacável. Nunca se sabe como agradá-la (o que a aproxima muito das Ajés); ela é imprevisível.

Dizem que a insatisfação de Odudua vem da competição eternamente mantida, por ela, com Obatalá, o senhor da vida, que é de temperamento enérgico, mas bastante equilibrado. Nos primórdios, Olórum concedeu a Odudua total poder sobre o universo e os demais orixás, fazendo-a dona do mundo e entregando-lhe, simbolicamente, uma cabaça e um pássaro de metal. Mas Odudua passou a reinar de forma cruel e despótica: por qualquer coisa mandava arrancar os olhos e os corações das criaturas, imperando na terra a infelicidade.

Olodumarê, preocupado com o rumo das coisas, tirou parte do poder feminino de Odudua, até então absoluto, e entregou-o a Obatalá, restabelecendo-se a justiça e a misericórdia, para o bem dos viventes.

· EUÁ ·

Assim, Obatalá, o Senhor do princípio primordial masculino, passou a ser o senhor de parte do princípio feminino. A partir de então, passou a comer somente carne de galinhas, cabras, pombas – o que fortalece seu domínio sobre o princípio feminino; e o opaoxorô (cajado feito de galhos de Iroco), a ferramenta principal de Obatalá, que divide o Orum do Aiê, tem na parte superior um pássaro de ferro branco, que é o símbolo máximo do poder feminino.

Obatalá-Oxalá é o pai de todos os orixás por excelência, a metade superior da cabaça-mundo, o Senhor do elemento ar, do branco, do poder de fala, do Orum; não suporta o azeite-de-dendê e é o patrono da sabedoria, da qual Olodumarê é o senhor absoluto.

Euá, produto de genitores poderosos, é a síntese de Odudua e Obatalá, dos elementos feminino e masculino, e também o oposto dos pais, sendo, portanto, a responsável pela identificação, separação e equilíbrio destes dois princípios primordiais que se complementam. Ela é a religação Obatalá-Odudua e vice-versa.

· EUÁ ·

A mãe é cega; cria a matéria-prima cósmica, mas não contempla o produto. Os olhos são necessários para a apreciação das Belas-Artes, cuja padroeira é Euá, a filha, que também é bastante ligada ao elemento terra, apreciadora do azeite-de-dendê (que Obatalá detesta) mas que tem o atare (axé da mãe) como um de seus "ewós".

O belo irrita Odudua, a genitora; a descendente propicia o belo. Sem ela inexiste o discernimento feito pela razão e sensibilidade; sem ela a qualidade pereceria. Odudua é irritável e Euá é arisca, arredia, "suscetível".

Odudua é a responsável pela menstruação, procriação e fecundação; Euá é a protetora das virgens e estéreis. Odudua aprecia a companhia masculina e tem apetite sexual voraz; Euá é casta e tímida, e vive distante da companhia dos homens.

Oxalá é o grande senhor do conhecimento, da sabedoria; Euá é a dona dos sonhos e das fantasias.

Obatalá, senhor do elemento ar, do Orum, é o patrono da vida; Odudua, a padroeira da matéria criada

· EUÁ ·

é a deusa da terra, a senhora do Aiê. Euá, sendo a síntese dos genitores, classifica e separa os dois mundos, tal qual o opaxorô, propiciando a coexistência dos opostos que se atraem e se complementam.

4 | Euá é do ar, da terra e da água de beber

Euá está diretamente ligada ao elemento ar de Obatalá e de Oiá, a senhora do vento, o ar em movimento, parido pelo sopro sagrado do "Eléèmi", senhor da respiração. Os poderes de Euá ligados à transformação, aos sentidos e aos sonhos estão diretamente relacionados com o elemento ar, o sopro vital de Obatalá. Há mitos que atribuem a esse orixá feminino a condição de esposa de Oxumarê, o arco-íris que brilha nos ares.

Como filha de Odudua, entretanto, Euá também pertence ao elemento terra. E boa apreciadora do epô (azeite-de-dendê) que consome com prazer, ornamentando suas vestes com a cor vermelha, indispensável em seus paramentos.

Em alguns mitos, Euá mora no cemitério e é bastante ligada a Obaluaê e Naná, o senhor da terra e a aiabá da morte; é "Ye wá", a mãe do segredo. Ouvimos um itan que a coloca na condição de responsável pela transformação de tudo que é vivo em matéria morta, em cadáver.

Ela também se apresenta como uma caçadora habitante das florestas, solitária e protetora dos animais. Euá caça com Odé, seu íntimo, disputando com ele, o Atirador, o primeiro lugar no manejo do arco e flecha, sendo considerada a Diana dos iorubás, título que divide com algumas qualidades de Oxum.

"Iyewá Olojó", senhora das ilusões e de todo tipo de disfarce, ajudou o chefe-caçador a melhorar suas táticas de caça, com o uso de disfarces aprimorados (vestes imitando animais). O berrante de Oxóssi (chifre-instrumento que tem o som do mugido dos

· EUÁ ·

bois e é utilizado para a reunião do gado) foi presente de Euá e é muito apreciado pelo orixá.

Euá também pertence ao elemento água. Cânticos em sua homenagem dão-lhe a condição de dona das águas das chuvas, "Iyewá Ojolomi", águas caídas do céu, o domínio de Oxumarê.

Há mitos que dizem que ela habita nas fontes e nascentes dos rios límpidos, seu espelho proibido para os homens. Ela se transformou num rio cristalino, de águas potáveis, para dar de beber aos filhos, quase mortos de sede.

Tamanho é seu poder de adaptação que, conforme o mito, pertence mais a este ou aquele elemento.

Há até quem considere Euá ligada ao elemento fogo, opinião partilhada por poucos, talvez porque em alguns mitos ela seja relatada como mãe de Xangô.

5 | As diferentes roupas de Euá

Na maioria dos terreiros de candomblé do Brasil, a senhora dos sentidos veste-se de forma semelhante às demais aiabás; mas essa forma é variável.

No Ilê Axé Opô Afonjá, o que a diferencia dos demais orixás femininos (com exceção de Nanã) é que Euá não usa "camisu" (camisa). Além disso, o ojá do peito é amarrado para trás, em forma de laço; já Iansã, Oxum e Nanã usam o laço no peito, voltado para a frente.

Entretanto, há casas, a exemplo do tradicional Terreiro Oxumarê, em Salvador, nas quais Oiá amar-

· EUÁ ·

ra o laço nas costas, o que também acontece com certas qualidades de Iemanjá e Oxum em algumas comunidades. Nos terreiros da nação angola, os laços das aiabás são necessariamente "dados para trás".

Em alguns Axés as aiabás, de um modo geral, não vestem camisu. Isso significa que o pano da costa é enrolado no peito nu, sustentado pelos ojás em forma de laço. Candomblés das nações jeje e angola não adotam a camisa para os voduns e inquices em geral, independentemente de serem homens ou mulheres. Com efeito, os camisus nada têm a ver com a tradição africana, na qual as mulheres enrolam os panos da costa nos seios, às vezes à mostra. Entretanto, no Opô Afonjá, na Casa Branca e no Gantois, tradicionais terreiros de Salvador, Oxalá, Oxóssi e Logunedé vestem camisus.

No Opô Afonjá, as cores de Euá são o amarelo forte e vermelho claro. Há Axés nos quais ela usa vermelho, rosa, branco, amarelo, tons de azul, ou vermelho e branco. No Oxumarê e no Gantois ela veste "vermelho forte".

· **EUÁ** ·

O adê (coroa) de Euá costuma ser feito de palha-da-costa cor de vinho ou vermelha, sendo enfeitado com búzios-da-costa. Esse adê não tem "chorão": o rosto é descoberto, a exemplo de Oiá, no Opô Afonjá, o que não ocorre no Engenho Velho (Casa Branca), no Gantois, no Alaketu e no Oxumarê, terreiros nos quais a Senhora dos Ventos e das Tempestades, Oiá-Iansã, usa adê "com chorão" (o rosto coberto), tal qual Oxum, Iemanjá e Nanã.

As pulseiras (idés) são feitas com palha-da-costa (da mesma cor do adê) e búzios. Euá usa os braços amarrados com enfeites de palha-da-costa vermelha e uma saia de palha-da-costa vermelha sobre a saia principal, "sem muita roda".

Algumas ferramentas de Euá diferem conforme o terreiro de candomblé: no Opô Afonjá, o adô (conhecido também por aracolê, "pessoa que desaparece") é indispensável: é uma pequena cabaça coberta de pano e enfeitada com palha-da-costa vermelha e búzios, forrada com pano vermelho, usada para

· EUÁ ·

guardar o ofó causador da invisibilidade de Euá e do desaparecimento de seus inimigos.

Em São Gonçalo, nome pelo qual também é conhecido o Axé Opô Afonjá, ela usa uma espada de cobre, semelhante a um alfanje.

Há casas nas quais Euá se apresenta com uma âncora na cintura ou na mão e segurando um ofá (arco e flecha), um arpão e uma espada de latão, como prova de seu caráter belicoso.

Já tivemos oportunidade de presenciar Euá usando tacarás, que são pequenas adagas de cabo largo e ponta muito fina, parecida com a língua das serpentes. O tacará é a principal ferramenta do Vodum Bessém, (o Oxumarê dos jejes), o príncipe que se transforma em cobra.

Podemos ver que as ferramentas e roupas variam de casa para casa de culto, o que acontece também com as contas (colares). No Axé Opô Afonjá, Euá é homenageada com colares de contas rajadas, a exemplo de todos os orixás da família de Omolu (a "família pacatinha", assim chamada de brincadeira

• EUÁ •

no terreiro do Gantois, porque seus membros são valentes, e porque diz a tradição que tudo que tem a ver com Omolu deve ser dito "ao contrário"...).

No Axé de São Gonçalo, criado por Eugenia Anna dos Santos, em 1910, todos os habitantes da Casa de Omolu (ou "Casa de Babá", diminutivo carinhoso de Babaluaiê) usam contas rajadas, as preferidas dos voduns, dada a forte ligação com a nação jeje. Diga-se, a título de informação, que os orixás da família de Omolu, no referido Axé, têm um espaço próprio de culto, por serem considerados da nação jeje. Todos usam búzios em abundância e palha-da-costa.

Recomendamos ao leitor o livro Iroco, desta coleção, para maiores informações sobre a "família pacatinha".

Nanã, a anciã, e Euá, a guerreira, são as aiabás da Casa de Omolu. As contas de Nanã são de cor lilás rajada de branco ou azul-marinho; as de Euá, amarelo-ovo, com riscos vermelhos; as de Omolu, marrons, riscadas de preto; as de Oxumarê, amarelas, rajadas de preto, ou verdes, rajadas de amarelo.

• EUÁ •

Em alguns terreiros, temos visto Euá usando contas vermelhas de cristal (terreiros Oxumarê, Gantois e Portão do nosso compadre Augusto César), semelhantes às contas de Oiá em algumas nações, e também colares de contas vermelhas e amarelas alternadas. No Gantois, as contas de Euá – vermelhas translúcidas – são arrematadas com uma única conta azul-turquesa (do Orixá Oxóssi).

A escolha de contas amarelas rajadas de vermelho e vermelhas transparentes nos sugere que Euá é um orixá da água (a exemplo de Oxum), da terra e do ar, e guerreira (como Iansã-Oiá – a senhora do ar de caráter turbulento, apaixonado e sensual).

No Axé Opô Afonjá todos os orixás da família de Omolu, sem exceção, são cultuados às segundas-feiras, dia dedicado também aos Ancestrais, a Exu e a Ogum. No Gantois, o terreiro que conta com o maior número de filhas de Euá, seu dia é a terça-feira, também dedicada a Oxumarê, Iroco, Nanã e Obá. Em alguns terreiros, Euá é cultuada aos sábados, dia dos orixás femininos; em outros locais,

EUÁ

é cultuada às quartas-feiras, juntamente com Oiá e Xangô, seu esposo.

A saudação de Euá é "Rirró" ou "Irró", "hihó" (riró), cuja tradução pode ser "maciez, doçura, brandura e fofinha".

6 | Euá e as diferentes nações

Euá é um orixá iorubá correspondente a um certo vodum feminino da família de Bessém, nas nações jeje-mahi e savalu. Há terreiros que chamam este vodum feminino de Bessanha; mas seu nome é Eoá ou Eová no Querebetã de Zomadonu, do Maranhão, terreiro jeje-mina, dirigido pelas nochês Denir e Celeste de Averequete.

Nesta tradição existem voduns que são chamados de "voduns da casa" e outros, que são chamados de "voduns estrangeiros", "que vêm do lado dos nagôs e são mudos, para que os segredos da própria nação não sejam revelados"... O Vodum da nochê Celeste, Averequete, da família de Keviossô, é mudo, a exemplo de Sobô, Badé e Loco.

No Querebetã, Eová pertence à família de Dambirá, o vodum-serpente Dambala do Haiti e Dambará do Terreiro do Bogum na Bahia; logo, ela "não é estrangeira para os minas"...

Sempre questionamos, não nos permitindo conclusões precipitadas e sem base: – Onde começa o culto de Oxumarê e termina o de Bessém? – E o de Iroco, Loco e Orixá Ocô?

Podemos afirmar, sem susto, que houve assimilações de práticas litúrgicas: orixás, voduns e inquices foram sincretizados e assimilados entre si, assim como ocorreu entre gregos e romanos, por exemplo, com a deusa Minerva, sincretizada com Palas Atena, a deusa da sabedoria para o povo da Grécia.

Vejamos o seguinte: Iroco (Loco), no Opô Afonjá, é da família de Omolu, considerada jeje e com culto diferenciado; contudo, o vodum Loco dos minas

· EUÁ ·

(o qual mora na árvore cajazeira) é da família de Keviossô: um estrangeiro sem fala, no Querebetã, nada mais que o Xangô dos iorubás!

No angola existe um inquice feminino, raríssimo, chamado "Kissanga".

"Kissanga, no alori, alori Caiangô; Kissanga no alori, alori Caiangô".

Parte da cantiga acima transcrita pertence às famosas "rezas de angola"; Caiangô é um dos nomes de Bamburucena (identificada com Oiá-Iansã) conhecida, também, por Caiangô Capanju e Inkodiamanbu.

Kissanga apresenta características de Euá e é considerada uma qualidade de Angoroméa, versão feminina de Angoro, o inquice-serpente, que corresponde a Bessém e a Oxumarê, nas outras nações.

Angoro e Angoroméa usam contas amarelas e verdes alternadas, ou contas verdes rajadas de amarelo, tal qual o Vodum Bessém.

Bessém e os Orixás Oxumarê, Ossâim, Odé, Logunedé e Oxalá vestem saias compridas, o que não ocorre com o Inquice Angorô, que usa saieta, como os Orixás Ogum, Obaluaê, Xangô e os Voduns Loco, Sobô, Badé, Kpó e Sapatá. O Inquice Gongobira, identificado com Logunedé, veste saia longa; Angoroméa e Kissanga usam saias compridas, o que ocorre com todos os orixás, voduns e inquices femininos.

Kissanga usa roupas vermelhas e brancas, e come as mesmas iguarias que Angoro, que são as comidas oferecidas ao Vodum Bessém, sendo a principal o bedalú.

A saudação de Kissanga é "arro bo boi", a mesma de Bessém e Oxumarê, a principal saudação jeje, que pode ser dita para qualquer vodum.

A mais conhecida e importante filha de Kissanga foi a nengua Maria Neném (Maria Genoveva do Bonfim), a fundadora do terreiro angola Atombency, na Fazenda Grande do Retiro, em Salvador, raiz de todas as casas angola-congo da Bahia. Maria Neném era de Cavangu (Obaluaê) com Kissanga; ela foi a mãe-de-santo dos Tatetos Bernardino e Ciríaco.

Não existem pessoas de Kissanga nos Terreiros Bate-Folha e Tumbajunçara; mas tivemos oportunida-

· EUÁ ·

de de ver o referido inquice na casa da finada Nengua Jaminajô ("Joana Voga"), por ocasião de uma festa em homenagem a Zazi (Xangô), ocorrida no começo da década de oitenta, no bairro soteropolitano de Federação. A muzenza pertencia ao Terreiro da nengua Mulondiri, dedicado a Mutalambô (Oxóssi), descendente do Terreiro Tumbajunçara. A referida moça, ainda jovem à ocasião, era irmã-de-santo de Nafi, filha da finada Makota Elza, confirmada para o inquice de Joana, no tempo de Tata Ciríaco.

7 | O QUE EUÁ GOSTA DE COMER

Euá troca qualquer iguaria por um guisado de feijão-fradinho cozido inteiro, temperado com camarão seco, dendê e cebolas.

Ela aprecia esta comida preparada de duas maneiras: ou feita com o feijão-fradinho descascado, branquinho igual ao que se usa para acarajé, abará e begueri; ou com cascas. Tanto faz.

Euá aprecia muito (e come com delícia) pirão de batata-doce bem cozida, para que fique molinho, e batata cortada em tiras e frita no azeite-de-dendê.

· EUÁ ·

Come cabras, conquéns e pombos, mas "nem chega perto de galinhas", alimento proibido para seus filhos e filhas, que também deverão fazer jejum de pimenta-da-costa (atarê).

Em algumas casas come um certo tipo de farofa preparada com feijão-fradinho (uma gostosura!)

Aprecia obis, acassás, mel, azeite-de-dendê e aruá (ou aluá), dando valor, em especial para os pratos bem arrumados, "para se comer com os olhos".

Por se falar em comida, Euá também se responsabiliza pela arte no oferecer a comida a todos os demais orixás, senhora, que é, da beleza e da elegância.

Um lembrete: as iguarias para Euá deverão ser arrumadas e oferecidas somente pelas mulheres.

8 | Euá e Oxumarê

Em muitas tradições religiosas afro-descendentes, Euá é irmã de Oiá-Iansã e casada com Oxumarê, sendo a parte branca do arco-íris. Em outras, ela é aiabá de Iroco e irmã do Orixá Oxumarê, o arcoíris-serpente, chamado de Dan pelo povo jeje. Há quem afirme que Oxumarê é "cobra macho" e Euá é "cobra fêmea", o que não é bem assim para muitos outros.

Há terreiros onde Euá é considerada aiabá (rainha) de Obaluaiê; para muitos terreiros tradicionais ela é um orixá que tem uma grande afinidade com os "santos de jeje", os voduns. No Opô Afonjá, por exemplo, como já vimos, ela mora na Casa de Omolu e é da "família pacatinha", sendo festejada no dia do Olubajé e nos "catorze dias de Omolu".

Mas tudo isso acontece por causa da ligação de Euá com Oxumarê e deste com Bessém. Sabemos que Bessém, o "pai da nação jeje", é o Vodum Serpente: Savalu, (Savaluno no jeje-mina), Dambála ou Dambára (Dambirá no mina), o Príncipe Bafono que se transforma na cobra Dã: "arro bo bôi!"

O assunto é polêmico e complexo; tão complexo quanto a natureza do Orixá Odudua.

O estudo dos mitos de Euá nos faz chegar à conclusão de que estamos diante de um orixá feminino iorubá por excelência, sincretizado com Bessanha, um vodum feminino da família de Bessém, que ficou muito próximo do Vodum Bessém (o Homem-Cobra) no Novo Mundo, dada sua proximidade com o Orixá Oxumarê, inseparável de Bessém: Oxumarê se transforma em Bessém, que por sua vez é transformado em Oxumarê. Quando se fala em Oxumarê,

· EUÁ ·

se pensa em cobra... O povo-de-santo não diferencia Oxumarê de Bessém.

O Vodum Bessanha se veste de forma semelhante a Bessém – existem ligeiras diferenças – e também segura na mão o tacará. No Terreiro Oxumarê, o ojá (pano) que Euá usa é idêntico ao de Bessém, que detesta laços, um de seus ewós: Euá não usa laço (na cabeça ou para trás), mas as tiras trançadas, soltas, em forma de nó; e também segura o tacará.

Não existe o culto de Euá no Candomblé do Bogum, de tradição jeje-mahi; contudo, há o Vodum feminino Eová ou Eoá no Querebetã de Zomadonu, tradicional casa de culto a voduns, situada em São Luís do Maranhão, templo onde muitos orixás nagôs convivem pacificamente ao lado dos voduns da casa, a exemplo de Loco, Averequete, Sobô e outros voduns da chamada família de Keviossô – a versão jeje-mina do Orixá Xangô; o mesmo acontece em Ketu (no Benim) e no Terreiro Alaketu da imponente Ìyá Olga de Iansã, que chama sua casa de nagô-vodunci: orixás e voduns convivem pacificamente, lado a lado.

· EUÁ ·

Aprendemos certa ocasião uma cantiga jeje, cujo toque é avania (avamunha, ou vramunha):

"Fala rumbondo dã, rumbondu du xaxá.
meremê vodun Darê, rumbondo do xaxá."

Perguntamos à falecida doné Nicinha, do Bogum (jeje-mahi), de quem era a cantiga; ela nos disse que pertencia a uma qualidade feminina de Bessém ("cobra-fêmea") e que a cantiga era jeje-savalu, nação da finada mãe Tança de Nanã, da Corcunda de Iaiá, doné de Mãe Hilda, patronesse do Bloco Ilê Ayê.

Em algumas tradicionais casas iorubás, encontramos qualidades de Oxumarês "masculinos" e "femininos"; aí Euá não é cultuada, havendo, apenas, vagas referências a este orixá.

Em tradicionais terreiros iorubás da famosa Avenida Vasco da Gama, situada em Salvador, o reduto de grandes casas de candomblé (Engenho Velho ou Casa Branca, Oxumarê, Cobre, Muriçoca, "Camilo de Oxóssi", hoje extinto, para nossa tristeza),

• EUÁ •

toda vez que se canta em homenagem a Oxumarê, canta-se mais para Bessém: de vinte cantigas, por exemplo, seis são de Oxumarê e catorze do referido vodum cobra.

"Vodum Dambala farejo, Danirá, dombóro, bóro."

Euá dança junto com Oxumarê; mas nem sempre o contrário acontece. Ela come comidas semelhantes às de Oxumarê e também usa contas rajadas (no Axé Opô Afonjá); seu animal símbolo, nos terreiros, é a cobra.

O elemento de Oxumarê é a água, (embora tenha ligações com o ar), o que nem sempre é válido para Bessém, que também poderá pertencer ao elemento terra, existindo qualidades de Bessém que são cultuadas em árvores sagradas, o que o aproxima de Iroco e Apaocá; e outras que o são nas profundezas das matas, a exemplo de certas qualidades de Euá.

Entretanto, Euá também é muito próxima de Odé, com quem vive nas florestas caçando e protegendo os animais contra os invasores. Tamanha é a ligação que, em algumas casas, como vimos, não se enfia uma conta de Euá sem o símbolo de Odé, e ela usa um arco e flecha de metal (ofá) para dançar, imitando movimentos de caça. Todas as vezes que Odé dança "caçando", Euá se reúne a ele; e Odé também gosta de comer feijão cozido temperado como xinxim.

Tudo isso nos faz acreditar que Euá é muito, muito mais que a "cobra-fêmea" companheira de Oxumarê.

Riró!

9 | A cumplicidade entre Euá e Ogum

Ogum é o orixá vanguardeiro, senhor dos caminhos: "Asiwaju" e "Olulona". É o orixá engenheiro e inventor, o grande responsável pela criação da enxada e das demais ferramentas utilizadas no Aiê. As ferramentas de Ogum facilitaram a vida da humanidade e a permanência da espécie no planeta, livrando-a das intempéries.

Ogum é o orixá mais velho da família dos orixás caçadores, o Tobi Odé dentre os caçadores responsáveis pela alimentação de tudo que tem vida. De Odé, caçador, transforma-se no Senhor da Guerra,

EUÁ

o Grande Chefe General: Onijá, uma das formas de manutenção do poder e de seleção da vida pela força; Ogum mata e bebe o sangue de seus inimigos, mas é justo e detesta mentirosos:

"Ogun pa, lele pá."

Euá, a Senhora das Artes, do Belo, do mimetismo, é a responsável pela reprodução das coisas existentes: é a senhora da cópia, do semelhante, da reprodução em série. Ensina ao homem a arte de tornar idêntico o que na realidade é semelhante: idêntico é uma ilusão. E ela é a Senhora das Ilusões.

Euá se transforma na galinha e espalha sementes pela terra, porque ela percebeu que o pé da galinha propiciaria a tarefa de arar a terra. O que ela faz? "Vira galinha" e faz o serviço necessário.

Ogum inventa a enxada, o arado e demais ferramentas necessárias à agricultura. Mas para isto é preciso que se inspire na natureza, em algo que o ajude a criar, tendo como ponto de partida o que já existe.

Ogum pensa e cria. Cria porque pensa, necessariamente.

· **EUÁ** ·

Do pé da galinha foi tirada a primeira abstração, a primeira forma conceituai. Dos inúmeros instrumentos produzidos por Ogum, abstraiu-se a qualidade comum a todos eles, a sua função específica, aquilo que caracteriza, por exemplo, o porrete como instrumento de bater, o pé da galinha como ferramenta que possibilita o plantio etc. E isso é função de Euá, a Senhora da memória, aiabá das possibilidades. Produzir um objeto semelhante ao primeiro, significa transferir a utilidade do objeto: o copo original serve para a contenção de líquidos; o reproduzido também tem a mesma função.

Ogum cria e Euá reproduz, classifica, dá qualidade à coisa.

Ogum faz a enxada. Euá a reproduz e classifica: esta enxada é feia, esta é bonita. Esta é feita com qualidade, esta é vulgar. Tudo é enxada, mas a qualidade será diferente, ou não.

Ogum inventa o facão. Euá modifica o facão de Ogum, transformando-o numa faca de mesa dourada e bonita.

EUÁ

Ogum inventa a máquina fotográfica; Euá cria a arte do cinema.

Ogum cria o pincel e Euá lhe dá vida, eternizando-o numa tela de Renoir.

Ogum e – riró!

10 | Alguns filhos e filhas de Euá

Existem poucos filhos de Euá, na atualidade.

O Oxumarê e o Gantois são as comunidades onde mais se conhece o culto de Euá.

Cotinha, a sucessora de Antonio Oxumarê, na casa do mesmo nome, tradicional terreiro de candomblé jeje-nagô situado em Salvador, foi uma das mais conhecidas eleuás da Bahia.

Pai Urbano, octogenário, ogã da Euá de Mãe Cotinha, com sessenta e cinco anos de iniciado, cria de Mãe Bada, a segunda Ialorixá de São Gonçalo, é o ogã que canta para Euá como poucos, o mesmo se falando de Erenilton, filho da finada Ialorixá Simplícia de Ogum, a mais famosa mãe-de-santo do referido terreiro da Avenida Vasco da Gama, avó do babalorixá Silvanildo de Oxumarê, o atual responsável pela casa.

O professor Agenor Miranda Rocha, respeitado oluô, escritor e poeta, é filho de Oxalá e Euá.

Mãe Menininha do Gantois era de Oxum com Euá, seu ojori, ou seja, segundo orixá. Mãe Menininha nutria grande respeito e paixão por seu ojori, o que faz de Euá um orixá muito importante, no terreiro da Federação.

No tradicional Terreiro do Gantois existem filhas de Euá iniciadas nos tempos de Mãe Menininha. Ebome Duzinha e Mãe Senhora são as mais veteranas.

No dia de Oxum – grande festa do Gantois – sai a procissão da Iaxaqué, uma boneca que representa Euá e que é transportada para o barracão, junto com os símbolos sagrados de Oxum, por ebome Delza de Iansã, antiga filha-de-santo da casa.

• **EUÁ** •

Márcia, a Maié do Gantois, filha de Oxóssi e Euá, é a responsável pelas roupas da laxaqué, trocadas todos os anos.

A laxaqué só existe no Gantois; é tradição trazida de Abeokutá, terra de Maria Júlia Nazaré, a fundadora da casa, casada com Arrolo Manuel, sacerdote de Azanaodô e um dos fundadores do Bogum.

No Terreiro da Muritiba, o Ibecê Alaketu, dedicado a Ogum, do saudoso babalorixá Nezinho, hoje conduzido por sua filha, mãe Cachu de Omolu, também existem filhas de Euá antigas.

O babalorixá Augusto César de Logunedé, filho de Mãe Menininha, iniciou Flora de Euá (esposa de Gilberto Gil, obá de Xangô confirmado do Opô Afonjá) em seu candomblé, no Portão. Fátima, irmã consangüínea do babalorixá, também é filha de Euá, iniciada no Gantois, que também conta com a presença das eleuás Eleonora e Dinorah.

Valdomiro de Xangô, nosso amigo Baiano – uma "casa cheia" –, tem uma filha de Euá, chamada Elza, o mesmo se dizendo de Pérsio de Airá, filho-de-santo do Terreiro Oxumarê, com casa de candomblé em São Bernardo, Grande São Paulo.

Lembramo-nos de termos visto nos anos oitenta, na casa de Pérsio, uma eleuá iniciada menina. Se não nos enganamos, era filha de Luizinha de Nanã, a lakekerê do terreiro; e dançava muito bonito, com muita elegância e ritmo, "o pé de dança" de sua mãe.

O engenheiro Jamil, babakekerê da casa de nosso irmão Bira de Xangô (Ilê Axé Ojú Obá Ogodô), situada no Parque São José (Belford Roxo), no Rio de Janeiro, é de Oxóssi com Euá, tendo herdado muitas qualidades de ambos os lados. E o braço direito de Bira, filho de nossa tia Cantu, a decana do Axé Opô Afonjá, e não mede esforços para ajudar a tocar o candomblé "para a frente".

No Maroketu há uma filha de Euá apelidada "Manduça". Maiana, do Terreiro do bairro de Valéria, filha de Totonha, também é de Euá.

Na "Cidade Nova" há uma euaci chamada Nilza e no "Garcia", a eleuá Valdete.

• EUÁ •

No Candomblé de Iyá Edene (filha do Gantois), mãe de ebome Zezé de Nanã, encontramos Emily de Euá, sobrinha da ialorixá.

No "Oxumarê" há uma filha-de-santo da finada Mãe Nilzete, chamada Eliete, cuja Euá dança com elegância e usa roupas muito bonitas e sóbrias.

No Opô Afonjá temos duas filhas de Euá: Odaléia, Iyewá kauebiyi, e Maria Cristina, Iyewádelonan, filhas de Mãe Stella, a primeira iniciadora do referido orixá, no Axé de São Gonçalo.

Cristina, a querida e briguenta filha de Euá, impecável em tudo que faz – veste-se que dá gosto –, é filha do inesquescível Ojé Lawo, José Laureano dos Santos, e de Ebome Elpídea de Yemanjá – iniciada por Mãe Senhora –, e sobrinha da Ialorixá Wanda de Iansã e Elpídia de Oxalá, a ialatoridé do terreiro.

A escritora Zélia Gattai Amado é filha de Oxum com Euá. Tem o posto de ojuomin, no Opô Afonjá, desde os tempos de Mãe Senhora.

Andréia, filha carnal dos amigos ogã Gilberto de Exu e ialorixá Wanda de Oxum, irmã de Ângelo, o oxupin do terreiro situado em São Paulo, hoje casado com a ebome Flávia de Omolu, é eleuá das mais características. Um olhar rápido para Andréia é suficiente para que se perceba a natureza felina do orixá dos mistérios, mistura de irreverência, timidez e sensibilidade. Andréia é muito bem-humorada e sempre soube o que quis.

No Candomblé do Engenho Velho (Casa Branca), o Axé Iyá Nasso Oka, Bangbose Obitiko, o mais velho, conduzido hoje pelas mãos competentes das ialorixás, nossas queridas mães Tatá e Nitinha, ambas de Oxum, não existem filhas de Euá iniciadas.

Mãe Marieta de Oxum, a ialorixá antecessora, falecida nos anos oitenta, tem uma filha carnal chamada Wanda de Euá, iniciada no Rio de Janeiro, que conhecemos na casa de Mãe Octacília de Ogum, em São Paulo, nos anos setenta.

11 | Os filhos de Euá devem ser transparentes

Talvez Euá não seja um orixá tão popular como Oiá e Oxum, porque o segredo e a reserva são essenciais para a sobrevivência de seu culto. E exigente na escolha dos filhos e filhas que, por isso, são em número cada vez mais reduzido na roda dos iniciados e iniciadas. Para descer na cabeça de seus eleitos, na grande maioria mulheres, exige um comportamento impecável e uma verdadeira vida de renúncia, castidade e ascese.

Euá é a senhora de tudo quanto é tipo de arte, da sensibilidade, da solidão e do desapego mundano, detestando "fuxicos", barulho, vulgaridade. Exige dos filhos, cada vez mais raros, absoluta fidelidade a seus valores inflexíveis: Euá não perdoa que atentem contra o bom gosto. Ela prefere isolar-se nas profundezas das florestas para contemplar melhor – e em silêncio – tudo o que existe de belo; para ouvir o verdadeiro som da música sem interrupções desnecessárias.

É difícil para um filho de Euá conseguir casar-se; ciumentíssima da prole, em geral quer os filhos para si e para a vida espiritual. Entretanto, embora sejam raríssimos os que o conseguem, quando se casam, são muito felizes no matrimônio.

Euá é a senhora da visão. Pelo dom da vidência tudo sabe: presente, passado e futuro. Ela dá o dom da vidência aos filhos amados e merecedores; entretanto, se as filhas não "andarem na linha", ela as larga nas mãos de Oxum ou de Oiá, mais tolerantes, para uma adoção piedosa e de caráter irreversível.

Seus filhos e filhas devem ser transparentes, quer dizer: o que têm no coração, deve aparecer em suas

· EUÁ ·

línguas. Euá não abre mão desta exigência; ela não aceita falsidade por parte da prole. Para ela, a Senhora da transparência, a sinceridade é regra de vida.

Mas isso faz destes seres pessoas de difícil trato social. Quem gosta de ouvir a verdade? Uma mentira conveniente é muito mais fácil de engolir do que uma verdade intempestiva. Afinal, não é fácil ser hábil na esgrima da boa convivência humana, tão cheia de reentrâncias e saliências...

Os eleuás são tidos como gente que gosta de chocar os outros, como pessoas ferinas. Doa a quem doer, dizem o que pensam, não importando se conservarão ou não a popularidade.

A natureza sincera, transparente, afugenta os bajuladores e hipócritas e confunde aqueles e aquelas menos sensíveis, mais materialistas – coisa absurda de se pensar para um filho de Euá, conservador na maneira de arrumar sua casa, com bom gosto e simplicidade. Diríamos que o estilo gótico tem tudo a ver com os eleuás, que fogem a léguas dos rococós e barrocos, a não ser quando se trata de música.

EUÁ

São espirituais acima de tudo, sensíveis, briguentos mas não teimosos, destemidos, com boa voz para o canto, amantes de tudo o que é belo, nutrindo certo desprezo pelo lugar-comum. São estudiosos, persistentes, extremamente caprichosos, às vezes irascíveis, de humor instável, com gosto pela solidão.

Gostam de animais domésticos, são extremamente ciumentos, sinceros nos amores inconstantes, extremamente exigentes, com tendência para a vida intelectual e artística.

Têm ouvido excelente – acima do normal – para o aprendizado de música e idiomas. Se têm oportunidade, conseguem aprender a falar várias línguas, mudando de um para outro idioma sem a mínima dificuldade: falam em inglês, respondem em alemão e francês, ao mesmo tempo em que lêem uma revista de arte em italiano e atendem ao telefone em espanhol... Há quem diga que os filhos de Euá são um pouquinho pedantes... Isso só pode ser despeito de quem não os compreende. Eles são extremamente

EUÁ

"suscetíveis" e carentes, com necessidade de sentir de volta o afeto que dão em abundância.

Existem filhos de Euá que gostam de acumular dinheiro, mas em geral os eleuás, embora tenham uma vida estável e sorte nos negócios, não são muito ligados a coisas materiais. Os euacis são muito comedidos em tudo; só esbanjam sinceridade. Gostam muito mais de oferecer festas, do que participar de festas dadas pelos outros; e é difícil uma pessoa de Euá sair para passear com alguém se não tiver dinheiro.

Se formos examinar o cartão de crédito de um euaci, veremos que este gasta seu dinheiro com perfumes bons, discos, tecidos, objetos de arte, vinhos e velas, embora esteja longe de ser perdulário. Os eleuás fazem a própria moda, adaptando sua roupa da melhor maneira: detestam qualquer tipo de vulgaridade, desejando desaparecer mediante o menor sinal do ridículo.

Euá gosta de pessoas esbeltas, de aparência frágil, delicada, bonita. Seus filhos e filhas em geral são magros, irrequietos (não suportam pessoas pouco inteligentes), com dons artísticos e capacidade de transformação. Dêem um pedaço de chita bem baratinha na mão de uma filha de Euá, com uma agulha, tesoura e 20 centímetros de cetim, e mandem-na fazer uma "saia de criola" – a saia que se usa nos terreiros – e vejam o que acontece. Esta saia será a mais bonita e criativa da roda das iniciadas. Cristina, nossa irmã de Euá, é um exemplo vivo disso.

O professor Agenor Miranda Rocha é o exemplo típico de um filho de Euá. Filho de diplomatas portugueses, nascido em Angola e com um jeito parisiense da "belle époque", foi iniciado menino no mundo dos orixás, o que é notícia e coisa pioneira. Foi professor catedrático de português, latim e matemática do Colégio Pedro II do Rio de janeiro, escola da elite intelectual da época (o correspondente ao Colégio Presidente Roosevelt de São Paulo), sendo, aos noventa e dois anos, um excelente poeta e escritor, além de orientador espiritual e intelectual de muita gente.

• **EUÁ** •

Nosso querido professor é uma pessoa extremamente espiritual e sincera, generosa, cultor da teologia, e que não mede elogios e críticas e nem guarda mágoa de ninguém, convivendo muito bem com a solidão de que precisa, embora sua casa no Rio de Janeiro viva cheia de amigos, admiradores, parentes-de-santo e ex-alunos.

12 | A DANÇA DE EUÁ

A coreografia deste orixá das artes, que tem o dom de desaparecer, tornando-se invisível aos desafetos, é rica, variada e bastante peculiar.

De todos os passos de dança e gestos executados por Euá, o mais característico é aquele no qual ela junta as mãos de forma graciosa (como quem apanha água) e joga o "conteúdo" para cima, dando-nos a nítida impressão de que está recolhendo com as mãos e atirando para o alto alguma coisa mágica. A coreografia assemelha-se vagamente à dança de

· EUÁ ·

Iemanjá, em virtude dos movimentos precisos dos braços, em harmonia com os passos do bailado.

Euá pertence ao elemento água e reparte com os participantes da festa a certeza de que ela é a senhora dos mistérios, aquela que faz aparecer e desaparecer (seus desafetos) e de que torna as coisas nebulosas muito claras, fazendo cair as máscaras da hipocrisia, para o benefício da verdade.

Nesta dança, Euá mostra que tem o dom de tornar tudo invisível; ela retira um pó mágico do adô, atirando-o contra os inimigos.

"Euá, Euá majô, Euá, Euá..."

Existem passos da dança de Euá semelhantes aos de Oiá-Iansã: movimentos enérgicos, irrequietos. Ela roda, vai para a frente, pega na saia, demonstrando, assim, a grande afinidade que tem com o elemento ar.

Euá dança imitando gestos de caça: vira de um lado para o outro, sempre segurando o ofá (pequeno arco-e-fecha de metal); pode ir até o chão (o que ocorre em algumas casas e não em outras) e levanta o arco-e-flecha para cima, apontando para um alvo invisível aos olhos comuns.

Euá baila segurando uma espada, em rápidos, destemidos e fortes movimentos de guerra, assemelhando-se, nesta hora, mais ao Orixá Ogum do que a Iansã pela firmeza dos passos:

"...aja i colê..."

Durante a festa, Euá sempre dança com Oxumarê-Bessém; dança com Oxóssi as cantigas de caça e poderá, de acordo com a tradição do lugar, dançar com Oiá, de braços erguidos, como quem está espantando algo.

Euá é a mestra da *avania* (a marcha de Iroco), do *bravum*, do dássia e modubi – todos ritmos da nação jeje.

O passo do bravum também está contido no *avania*, que tem a coreografia e o toque jeje mais complexos.

No livro "Iroco", desta coleção, demos uma explicação detalhada a este respeito:

· EUÁ ·

"O avamunha pertence a Iroco-Loco e é dançado pelos orixás da família de Omolu (Oxumarê, Euá, Nanã...).

Conta a tradição, que Iroco dançou o mencionado toque quando voltava da guerra, passando definitivamente para o lado dos orixás... Antes, era 'arruaceiro, metido com tudo quanto é tipo de gente ruim'.

Para marcar e comemorar sua passagem para o lado dos demais encantados, Iroco dança uma coreografia de aproximadamente dezessete passos diferentes, uma das mais complexas que conhecemos".

A mais famosa cantiga *bravum*, aquela na qual a Cobra é chamada a dançar, é:

"Jó,.Jó, Jó madobê..."

A dança de Bessém é uma seqüência tradicional do *bravum*, por excelência:

"Os braços se movimentam juntos para os lados esquerdo e direito, na altura das coxas. Os pés, 'de lado', juntam-se e separam-se harmonicamente com os braços.

· EUÁ ·

Esfregam-se as mãos uma na outra, como quem está querendo aquecê-las, dando-se um passo para a frente e, logo após, faz-se um movimento giratório, com o corpo mais abaixado.

Bate-se o indicador da mão esquerda na mão direita meio aberta.

Bate-se o indicador da mão direita na mão esquerda meio aberta.

Cruza-se o indicador esquerdo com o direito e vice-versa.

Coloca-se o dedo indicador esquerdo no olho direito.

Coloca-se o dedo indicador direito no olho esquerdo.

Coloca-se a mão esquerda, estendida de lado, na testa.

Coloca-se a mão direita, estendida de lado, na testa.

Coloca-se a mão direita no ombro esquerdo e vice-versa, deixando os braços cruzados nesta posição (rapidamente).

· EUÁ ·

A mão direita se agita no ar, em movimento semelhante àquele de quem está jogando 'bola ao cesto': antes de arremessar a bola, bate-se a mesma no chão.

Faz-se o mesmo movimento com a mão esquerda.

Dá-se um tapa no chão com a mão direita.

Dá-se um tapa no chão com a mão esquerda."

Esta sequencia pode variar de terreiro para terreiro. Há quem dance o primeiro passo do *bravum* da seguinte forma: o dedo indicador direito é levantado para cima e para baixo, como quem está mostrando algo no céu e algo na terra.

Há danças do toque *bravum* de movimentos abreviados: do primeiro passo descrito na seqüência, passa-se para dançar "quebrado" para os lados, com movimentos harmônicos dos braços e de todo o tórax.

O dássia é um toque jeje no qual o bailarino dança com os braços e mãos esticados para os dois lados; depois pára e junta as mãos, como quem está preparando o próximo passo, e retoma a dança com movimentos de ombros e braços mais rápidos, para a frente:

· EUÁ ·

"Aidobê, Vodum Dã inxó."

Com o Vodum Bessém, Euá também dança o simpático sató:

"E vodum maioqüê, é vodum maioqüê Bessanha..."

As mãos são juntas, punhos fechados (como pilão) em frente à barriga. Os movimentos são para o alto, de forma varonil (cabeça erguida) e para baixo. Finalmente, o braço direito, com os punhos cerrados, é jogado para o lado esquerdo e vice-versa, dando-se voltas em torno do corpo, retomando-se a coreografia inicial.

A dança de Euá é bonita, calma, precisa e absolutamente harmônica, passando do calmo para o agitado e retornando à calmaria, o que diferencia sua dança do balé de Oiá, o qual, em todos os momentos (até no toque ijexá), traduz muita energia e movimento.

No angola, Kissanga dança com Angoro. Variam, de casa para casa, os nomes dos ritmos na referida nação bantu, mas os principais são congo (muxicongo), cabula (monjola) e barra-vento.

13 | Mitos de Euá

Alguns desses mitos mostram diferentes versões da história do mesmo orixá, algumas aparentemente conflitantes entre si. Isto se deve ao fato de que cada um descreve uma das propriedades de Euá, um dos aspectos de sua atividade, ou mesmo o modo como o mesmo orixá foi visto por diferentes grupos sociais em diferentes momentos, tanto em sua região de origem quanto após o processo de sincretismo ocorrido no Brasil.

• EUÁ •

QUEM NÃO OUVE AQUIETE, OUVE COITADO

Iyewákemi, uma menina muito bonita e teimosa que morava numa aldeia, desde o nascimento fôra prometida a Iyewá, orixá cultuado por muitas gerações de sua família.

A avó da menina, Euatossi, era a responsável pelo culto e pela manutenção das obrigações da poderosa deusa.

Kemi era criada pela avó com muito mimo e atenção, sabendo que breve seria iniciada eleuá, uma honra para qualquer moça do lugarejo. Um dia seria a Iyá Iyewá.

Acompanhava a avó nas oferendas e aprendia a cantar e dançar para que tudo desse certo no futuro próximo.

Kemi era uma boa menina, mas muito, muito teimosa, dessas que "querem ver para crer".

Tinha a péssima mania de imitar coisas e pessoas e punha-se a rir com a cara de espanto de todos ao ver como ela imitava bem, principalmente certos animais, como o macaco.

· EUÁ ·

Por ser bonita, punha-se a rir quando via alguém feio, sem perder a oportunidade de arremedar o infeliz.

Fazia as imitações longe de Euatossi, muito bondosa, mas bastante severa. Sua avó lhe dizia que não fizesse aquilo (as imitações) porque poderia se dar muito mal.

— "Quem não ouve aquiete, ouve coitado, minha filha!" – dizia-lhe.

A menina prometia emendar-se mas – qual o quê! – as promessas eram vãs.

Chegou o festival de Iyewá.

Todos da aldeia, vestidos nas melhores roupas, prepararam as iguarias prediletas da deusa, flores, talhas cheias de água e dirigiram-se ao local de culto.

Kemi, como não poderia deixar de ser (era uma prometida iyawó de Iyewá), compareceu com outras candidatas. Há três dias não via sua avó, envolvida com rituais secretos aos quais só tinham acesso os iniciados.

Kemi ia imitando, pelo caminho, tudo o que encontrava: gatos, cachorros, gente... imitava sons, vozes... As companheiras advertiam-na de que aquilo não daria certo. Não adiantaram as advertências. A pequena Kemi se divertia em chocar as pessoas.

Quase perto do rio onde iam começar as celebrações (que tem o nome do orixá), Kemi encontrou um macaquinho vestido e começou a imitar seus gestos. Pulava em um pé e no outro, batia palmas e imitava os sons do bicho, bastante estridentes.

As companheiras pediam-lhe que parasse com aquilo. Ela já tinha catorze anos, no próximo festival estaria iniciada.

Quando chegaram, atrasadas, os obis oferecidos para o orixá já estavam sendo partidos e, para consternação de todos, Iyewá não estava respondendo aos apelos, o que queria dizer que não aceitava as oferendas. O orixá recusara as obrigações!

Depois de muitas súplicas respondeu, mas disse que os rituais somente seriam reiniciados após uma conversa particular com suas filhas.

Foi um verdadeiro terror! Alguma coisa ofendera Senhora tão sensível. Todas puseram-se a chorar.

· EUÁ ·

Uma a uma, as eleuás foram ter com o orixá, chegando a vez de Kemi.

Assim que ela pôs os pés no recinto sagrado, sentiu que o rosto se contorcia todo, todo, todo, como se alguém tivesse lhe jogado um balde de goma arábica. Pulava sem que quisesse, não conseguindo parar.

Começou a berrar por socorro. E berrou mais ainda quando viu que seu rosto se transformara numa careta horrível, parecida com cara de macaco.

No exato momento que viu seu rosto, Iyewá possuiu sua avó – a Iya – e lhe disse:

— "Há muito tempo você vem sendo advertida para parar com isto, sem que se corrija. Como castigo, você vai ter que conviver com esta cara de macaco e não será mais iniciada."

Bem que sua avó sempre lhe disse:

— "Quem não ouve aquiete, ouve coitado!"

Iyewá não admite que seus filhos e filhas arremedem os outros. Este é um grande ewó de comportamento dos eleuás: não podem imitar coisas grotescas, sob pena de adquirir o aspecto ridículo do arremedado. E Iyewá foge do ridículo...

EUA DÁ FORMA À TERRA E AMPARA OS DESPROTEGIDOS

Odudua vivia insatisfeita com a forma horrível do Aiê, um verdadeiro horror.

Tamanha feiúra, irritava-a muito e desencadeava suas cóleras.

Orumilá aconselhou-a a deixar o assunto nas mãos artísticas de Euá.

Odudua, a grande mãe, encarregou, então, Euá de dar forma à terra, para que ela ficasse redonda, bonitinha, uniforme.

Não era tarefa nada fácil de fazer!

Euá começou a pensar como poderia desempenhar as ordens da mãe, mulher sem muita paciência, poderosíssima e irascível, que não gostava de ser contrariada.

Foi ter com Orumilá, o qual aconselhou-a assumir a forma do camaleão. Assim, poderia dar conta da tarefa.

Dito e feito. Ela se transformou no camaleão e, como tal, aplainou ao máximo a superfície da terra, deixando-a linda, linda e uniforme para o deleite de Odudua, que ficou encantada e confirmou a filha no papel da Senhora do mimetismo.

EUÁ É PROTETORA DOS PEQUENINOS

O sapo, o camaleão e outros bichos pequenos viviam apavorados, o tempo todo.

Eram desprezados, chacinados e devorados por animais de maior porte que se divertiam com sua aparência inferior. Estava se tornando impossível a continuidade de suas espécies no Aiê.

Deveriam tomar providências imediatas.

Recorreram a Orumilá, o qual lhes aconselhou que falassem com Euá, a Senhora do mimetismo, d; homocromia e da polimorfia.

Cientes, então, dos poderes de Euá, o camaleão e o sapo pediram uma audiência com tão importante Senhora, sem esperar que ela os atendesse.

Eles eram tão pequenos, insignificantes, feiosos... Mas a luta pela vida traz coragem e eles resolveram arriscar a sorte.

Euá os acolheu, sensibilizada pela história de sofrimento desses pequeninos seres desprezados, resolvendo adotá-los sob sua proteção direta: a partir daquele dia, eles seriam senhores da defesa da ilusão, com possibilidade de mudança de cor e forma.

Alguns deles teriam poderes de adquirir a cor do local e ambiente momentâneos, desaparecendo, assim, aos olhos dos perseguidores. Outros teriam a possibilidade de adquirir uma forma diferente da original, confundindo os opressores.

Euá possibilitou que a vida destes seres fosse preservada, e eles viveram felizes e se multiplicaram, ganhando o respeito dos poderosos... Todos esses animais têm a fama de feiticeiros e terríveis... pelo dom da ilusão...

Por tal razão, os filhos de Euá devem respeitar o sapo e o camaleão, cujo sacrifício é altamente proibido no culto desta aiabá tão especial, cuja saudação é Riró (macia) porque deixou a terra habitável, plana, fofinha como ela, Euá.

EUÁ SE TRANSFORMOU NA GALINHA E AROU A TERRA

Obatalá e Odudua viviam se rusgando, o tempo todo, em eterna competição.

Um sempre quis ser mais do que o outro, na eterna disputa entre os poderes feminino e masculino, inseparáveis e beligerantes...

— "Se pode com isso?!"

Sabendo que Euá executara com sucesso a tarefa determinada por Odudua, de dar forma ao Aiê, Obatalá encarregou-a de plantar os seres vegetais na Terra.

Entregou-lhe um grande saco cheio de sementes de todas as espécies de plantas, determinando-lhe que as espalhasse pelo mundo.

Euá se transformou na galinha de cinco dedos e assim, ciscando, ciscando e ciscando, percorreu toda a face da terra, espalhando as sementes.

A galinha de cinco dedos não conseguiu espalhar quantidades iguais de sementes pelos quatro cantos do mundo. Isso explica a variação na flora do Aiê: há lugares com muitas plantas, outras com menos. Existem espécies mais bonitas, outras menos e assim por diante.

Em respeito ao trabalho desempenhado pela galinha mágica, os filhos de Euá têm por proibição o consumo de carne de galinha, animal considerado sagrado no culto de Euá. Ela mesma só come conquéns (galinha d'angola) e pombos.

EUÁ TRANSFORMA O FEIO NO BONITO

Abiolá não conseguia arrumar casamento porque não era das mais bonitas e em seu lugarejo havia mais mulheres que homens.

· EUÁ ·

Os cidadãos abastados – seu avô, por exemplo –, tinham cinco ou seis mulheres, e até mais.

Seu pai, mais pobre, tivera apenas três esposas e muitas filhas mulheres, para sua consternação.

As irmãs de Abiolá eram bonitas, mas ela, com aquele olho meio vesgo, destoava da ala feminina da família.

Tinha vinte anos e não conseguia arranjar namorado, nem mesmo um simples interessado.

Se continuasse assim, terminaria no barricão, o que era inimaginável para uma rapariga de sua região natal!

Foi aconselhada a procurar um babalaô.

Dito e feito. Foi à casa de Ifatobi, o ancião, o melhor adivinho de sua terra.

Sensibilizado pelo sofrimento de Abiolá (que olho torto, coitadinha!), o sacerdote consultou Ifá, o qual, divertido, disse à menina que arranjasse feijão-fradinho cozido, batata-doce frita, pirão de batata-doce cozida, farofa, flores, mel, aruá, acassás, obis e fosse oferecer a Euá num pequeno rio de águas transparentes, perto da floresta.

Durante dezesseis dias ela não deveria olhar em espelho e, de manhã cedinho, sem falar com ninguém, deveria tomar seu mingau do lado de fora de casa e recitar um ofó (poema mágico) em homenagem a Euá que ele ia dar-lhe. Depois, deveria retornar à casa dele, levando um pedaço de efun, ossun, waji e limo-da-costa: o resto ele completaria.

Abiolá cumpriu as determinações, fervorosamente.

Quando retornou à residência do babalaô, Ifatobi tomou o material solicitado e se retirou, voltando com um espelho e dois ou três preparados guardados em potinhos de barro e num frasco de metal, pequeno.

Disse-lhe que Euá agradecia os presentes oferecidos com tanta devoção e mandava que a moça batesse no peito e contasse com ela, a Senhora das transformações: deveria aplicar os pós debaixo e em cima dos olhos (em especial no esquerdo, estrábico) e o creme brilhante nos lábios, utilizando o espelho.

· EUÁ ·

Abiolá executou a ordem à risca e quase caiu para trás quando se mirou no espelho: parecia outra pessoa. Estava atraente e o olho não parecia estrábico.

Felicíssima, voltou à casa do babalaô, cheia de oferendas. Dançava e dava pulinhos de alegria. Nunca se sentira assim. Estava transformada numa pessoa confiante! Ela brilhava!

No mesmo dia, o caçador da aldeia pediu-a em casamento e ela viveu satisfeita e teve muitos filhos, graças à transformação causada pelo efeito da maquiagem, inventada por Euá.

Sem a maquiagem, ela não se sentiria bonita e, sem o sentimento causado pela visão de seu rosto no espelho, jamais seria confiante!

A autoconfiança tornara-a bela e desejável.

Abiolá cultuou Euá, com fervor, enquanto viveu.

Deu à primeira filha o nome de Euadelê.

• EUÁ •

EUÁ FAZ DO CEGO O MELHOR ATIRADOR

Numa aldeia muito longe, todos os anos havia um festival de arqueiros.

O prêmio para os melhores atiradores era uma imensa fortuna. Nunca alguém conseguira ganhar sozinho todos os prêmios.

Os melhores do lugar se juntavam para participar do evento, que terminava com muita comida e muito vinho-de-palma para todos; o dia da disputa era esperado com ansiedade pelos moradores do local.

Koju vivia triste e acabrunhado por não poder participar do grande prêmio: era cego. E a última coisa do mundo que um cego pode fazer é ser campeão de tiro ao alvo!

A competição era muito difícil para os melhores arqueiros, pessoas de excelente visão – que dirá para alguém sem nenhuma!?

O candidato deveria vencer uma destas provas: acertar a pinta azul do pássaro agbê, a pinta vermelha do pássaro alokô, a pinta branca do pássaro lekeleke,

· EUÁ ·

a pena vermelha da cauda de odidé, o papagaio, ou as listras do antílope, o agbórin.

Koju foi aconselhado a consultar o babalaô, o qual mandou que ele fizesse uma oferenda para Euá.

Koju ofereceria ao orixá o que o coração lhe mandasse, contanto que houvesse sinceridade.

O cego ofereceu uma pomba, vinte e quatro mil búzios e um arco-e-flecha, deixando Euá encantada com presente tão generoso e sensível, dado de coração.

No dia marcado, teve início o festival, com a presença dos grandes atiradores, os quais zombavam de Koju, por desejar participar a qualquer custo.

Nenhum deles oferecera coisa alguma a Euá, a aiabá caçadora, ou a Odé, o orixá conhecido por "Atirador".

Para a surpresa dos participantes, os arqueiros presentes erraram todos os alvos. Um verdadeiro fiasco. Eram vaiados a não mais poder.

Koju foi o último a participar.

Conseguiu atingir todos os alvos à perfeição: o agbê, o alokô, o lekeleke, o odidé e o antílope, um atrás do outro.

Atingiu todas as metas.

Ganhou os prêmios sozinho, quebrando um recorde, e ficou muito rico e feliz, sem deixar de louvar Euá, a Senhora da visão.

A BOCA DO FOFOQUEIRO ACABA COM A PRÓPRIA LÍNGUA

A onça era muito amiga do fazendeiro.

Ela era muito teimosa, e teimosia é coisa que desagrada Euá.

Euá nos adverte de que temos que vigiar os amigos de perto, olhar para eles com um olho aberto e outro fechado, para que não nos possam destruir.

Conhecemos os nossos amigos. A pior raça de inimigo é extraída de dentro dos amigos. Por tudo isto, devemos pedir a Euá que nos faça invisíveis perante todos: amigos e inimigos. Faça um favor para um amigo e veja o que acontece: o favor é pago pela inimizade, pelo despeito.

· EUÁ ·

Em boca fechada não entram moscas; a boca do falador mata o próprio falador. A boca do fofoqueiro destrói o fofoqueiro.

Euá avisa que devemos observar o amigo mais chegado, para que ele não nos traia. A onça ouvia isso tudo, mas era muito teimosa.

Pariu um bocado de filhotes: seis ao todo e cada um era mais lindo do que o outro: três machos e três fêmeas, tudo perfeito. Nunca se vira peles tão lustrosas quanto a dos filhotes da onça! Ela ria de felicidade e desprezava os aconselhamentos de Euá.

Pôs-se a gritar a plenos pulmões, na beira da estrada, que era a mãe mais feliz do mundo, mãe de filhos muito belos e vigorosos.

Cantava bem alto:

— "Eu tive seis filhos, falo, falo, falo;
Que eu tive seis filhos, falo, falo, falo!"

O fazendeiro ouviu que a onça tivera seis lindos rebentos.

O fazendeiro, melhor do que ninguém, conhecia a toca da onça...

Foi lá e achou lindas as peles dos filhotes.

As coisas não iam lá muito bem na fazenda. Era época de crise na lavoura.

Matou os rebentos da onça, um a um, e tirou as peles para vender. Seis bonitas peles valem muito dinheiro!

A onça era muito amiga do fazendeiro...

Euá ensina a se viver de boca fechada, para que o olhar do próximo não nos prejudique.

— A boca do fofoqueiro acaba com a própria língua!

O CINTO VIRA COBRA

Nesse mundo, o Aiê, existe muita gente malvada, muito malvada mesmo. Como justiça existe, esta gente sempre se estraga.

No começo do século havia um homem, no Rio de Janeiro, muito metido a importante e valente, tirado a gente grande.

· EUÁ ·

Dizia-se amigo pessoal do Presidente, para impressionar, e andava de nariz em pé.

Era casado com uma filha de escrava forra, moça muito direita, que vivia assustada, com medo de apanhar do marido, um verdadeiro poltrão que gostava de bater na mulher para mostrar quem é que mandava.

A esposa era magrinha de fazer dó: franzina, triste, vivia assustada.

Esta moça era feita-de-santo de uma casa importante de Salvador, local onde nascera.

Casara-se contra a vontade da família e da mãe-de-santo, que acabaram concordando para evitar maiores problemas. Após o casamento, o marido a levara de navio para a capital do país – ele era de lá.

Marcolina – Marcó, como era chamada – tinha muita saudade de sua gente e de cuidar de seu santo – Euá – mas nem podia pensar em tamanha façanha. O marido detestava candomblé, coisa de gente ignorante e supersticiosa.

O sujeito gostava de beber e, quando bebia, dava uns bons tapas e beliscões na mulher, sozinha e sem ninguém naquela terra distante.

Marcó não aguentava mais. Queria voltar para a Bahia de qualquer jeito, mas como, se não tinha dinheiro algum, as compras eram todas feitas pelo marido, muito casquinha e desalmado?

Resolveu apelar para Euá: "que ela, sua mãe, tivesse misericórdia da filha e a libertasse daquela vida de maus-tratos e choros."

Um belo dia, teve um sonho. Sonhou que estava perto de um córrego raso, de águas límpidas e dentro dele saía uma voz que a chamava... Não via ninguém, só ouvia a voz macia e aveludada.

Olhando melhor, viu uma cobra enorme em cima de uma pedra, no riacho. A cobra era amarela e preta, com escamas brilhantes como ouro.

Não sentiu medo. Sabia que o animal era um encantamento de Euá, cuja voz vinha das águas transparentes.

EUÁ

Euá disse-lhe que não estava contente com ela, porque ela, Iyewádeiyi jamais deveria ter se casado com o sujeito poltrão. Estava pagando pelo que escolhera. Mas como a filha tinha um coração muito sincero e bom, aquele sofrimento teria fim.

Que ela não tivesse mais medo. A próxima vez que o marido levantasse a mão para ela, teria uma surpresa inesquecível.

Mandou que ela bebesse um pouco da água do rio e Marcó acordou cheia de confusão. Sabe como é sonho... Tudo pode ser aviso ou imaginação, mas as mãos dela estavam molhadas... Seria aquilo suor?!

Poucos dias depois, o marido chegou em casa, depois do trabalho, e perguntou o que tinha para jantar.

Marcó respondeu que tinha preparado carne desfiada com quiabo, prato muito apreciado pelo homem.

Para espanto da mulher, este disse que odiava quiabo e que ela tinha preparado aquela comida nojenta somente para contrariá-lo. Imediatamente, tirou o cinto para bater na esposa e viu que o cinto tinha se transformado numa cobra... Apavorado, largou a serpente no chão, que se transformou em cinto...

Como ele tinha bebido umas duas ou três doses da "branquinha" no bar, antes de chegar em casa, pensou que estava vendo coisas. Abaixou-se para apanhar o cinto e sentiu a serpente fria em sua mão, com a língua de fora...

Completamente aterrorizado, saiu porta afora gritando por socorro, sem conseguir falar... tinha a impressão de que o cinto corria atrás dele... Ou seria a cobra?! Correndo meio cego de medo, entrou num bosque e viu que faziam "psiu" para ele, dando de cara com a serpente amarela e preta que lhe disse, em língua de gente e bem alto, que, se ele tivesse amor à própria vida e não quisesse ficar louco, cego, surdo ou mudo, deveria passar a tratar a esposa com todo o respeito e consideração que ela, uma filha de Euá, merecia. Caso contrário, ele que escolhesse: perderia a vida, ou a razão...

O homem, completamente apavorado e chorando que nem um bebê, de joelhos jurou a Euá que iria emendar-se. Aceitando a jura, a serpente desapareceu bem em frente de seus olhos, como num passe de mágica...

Daquele dia em diante, a vida de Marcó se transformou por encanto: ela engordou, ficou risonha, mulher respeitada e dona-de-casa, a mais elegante e perfumada senhora da região... Só vestia seda, comia do bom e do melhor e bebia vinho do Porto – que delícia!

Todos os anos passava três meses na Bahia, no terreiro, cultuando seu orixá, com as despesas pagas pelo marido, que foi suspenso e confirmado ogã de Ogum no candomblé da mãe-de-santo de Marcó; e nunca existiu ogã mais sério, devoto e responsável. Parou de beber e era querido por todos.

Na festa das aiabás – dia da santa da mulher ele esbanjava dinheiro em foguetes, comida e bebida para os presentes... tratava a mulher que nem rainha, mas fugia só de ver o desenho de uma cobra, principalmente se estivesse com a língua de fora – e nunca mais usou cinto!!!

• EUÁ •

A COBRA "GBERIGBERI" NÃO LEVANTA A CABEÇA DUAS VEZES

Tope estava jurado por Iku, a morte, e a última coisa que queria fazer era morrer. Mas como enganar Iku? Esta o conhecia bastante bem e viria buscá-lo, não havendo jeito a dar.

Por via das dúvidas, foi consultar os babalaôs, os quais mandaram-no fazer sacrifícios para Euá.

Tope deveria oferecer dois pombos, a roupa usada que vestia, dezesseis mil búzios-da-costa, e muitos jenipapos, conhecidos pelo nome de bujes.

Os babalaôs acompanharam Tope na oferenda e mandaram-no colocar os bujes na água, para que depois se pintasse com o sumo deles.

Dito e feito. Tope fez o que estava sendo mandado e ficou com uma aparência completamente diferente, todo cheio de listras.

A morte veio, procurou-o, procurou-o e, como não o encontrou, voltou, frustrada, para o Orum.

· EUÁ ·

Lá chegando, foi dizer a Olodumarê que Tope desaparecera como por encanto. Somente vira, no caminho, um ser diferente, todo listrado.

Olodumarê, rindo-se, disse-lhe que ela é que não reconhecera Tope, porque ele estava todo pintado de jenipapo: assumira uma aparência diferente, mas era ele mesmo e ele conseguira enganar a ela, Iku.

Cantou-lhe:

— "A cobra gberigberi não ergue a cabeça duas vezes... 'Tope não pode ser condenado duas vezes à morte'.

Se ele conseguiu ludibriá-la, merece viver e viverá."

Assim, Tope, amparado por Euá, a Senhora da transformação, conseguiu viver para sempre.

EUÁ DETERMINOU PRAZO PARA OS EBÓS

Um determinado orixá foi consultar Ifá porque seus escravos – Apoló (sapo), Obukó (bode) e Alagemô (camaleão) – haviam desaparecido.

· EUÁ ·

Na verdade, Alagemô escondeu-se no topo da árvore Odã; Opoló, no banheiro e Obukó, o bode, no celeiro.

Ifá determinou ao orixá consulente que ele deveria fazer oferendas para Euá.

Trar-lhe-ia água bem quente, fibra de milho e uma roupa vermelha.

Deveria colocar, imediatamente, a fibra de milho no celeiro, a água quente no banheiro e a roupa vermelha no alto da árvore Odã.

Dito e feito.

O orixá obedeceu aos mandamentos de Ifá.

Quando o orixá colocou a fibra de milho no celeiro, o bode viu e não resistiu, começou a berrar.

Quando o orixá colocou a roupa vermelha sobre a árvore, o camaleão não aguentou: imediatamente assumiu a cor vermelha.

Quando o orixá jogou a água fervendo no banheiro, o sapo não se conteve e pulou para fora.

Tão rápida foi a resposta do ebó, que o orixá passou a acusar Ifá de ladrão de seus escravos: – "Você estava com eles, por isso eles apareceram tão depressa..."

Ifá dizia ao orixá enfurecido que não tinha escondido nada. Queria era ajudá-lo... e olha no que dava aquilo!

Foi consultar novamente Euá e ela determinou que fosse dado um presente a Exu, dizendo que, doravante, ficavam estabelecidos os prazos de um, três, sete, quatorze e vinte e um dias para a resposta dos ebós – para que se evitasse a desconfiança do consulente pelo resultado imediato.

A CRIANÇA RECÉM-NASCIDA

(Extraído do volume Iroco, desta coleção.)

Euá, deusa que tem o poder de ficar invisível, saiu a passeio pelas florestas, seu habitat, e encontrou uma criança recém-nascida.

Era tão pequenina, minúscula, que mal cabia na palma da mão.

O nome da criança era Iroco.

Levou o serzinho para sua casa e o pôs na própria esteira.

A criança, sentindo-se amparada, imediatamente adormeceu. Euá colocou a comida destinada ao menino no chão, perto da esteira, para não acordá-lo.

No dia seguinte, qual não foi susto de Euá ao ver que a comida tinha desaparecido e que o menino crescera a ponto de lhe atingir a cintura!

Admirada, perguntou:

— "Como é que isto aconteceu?" – respondendo-lhe Iroco:

— "E que você dormiu..."

Ao se recolherem, à noite, Euá perguntou ao garoto se queria comer.

Este, dizendo não ter fome, pediu que ela colocasse a comida ao pé da esteira. Comeria depois.

Euá deixou a cama para Iroco e foi dormir em outro lugar.

No dia seguinte, a comida tinha desaparecido e Iroco tinha crescido tanto, que ocupava a casa toda.

De noite, na hora de dormir, Euá tornou a oferecer comida e Iroco disse o mesmo, que fosse deixada no local costumeiro.

· **EUÁ** ·

Euá foi dormir do lado de fora de casa, assustada com as proporções de Iroco, e, fazendo-se invisível, voltou para dentro do recinto, prestando muita atenção aos acontecimentos.

Como por encanto, começaram a chegar vários *encantados*, destes ocultos, que não se vêem no Aiê: ajés, abikus, eguns e árvores sagradas.

Imediatamente perguntaram a Iroco se Euá estava dormindo, ao que Iroco respondeu:

— "Está, sim, fiquem à vontade. Ela foi dormir do lado de fora."

Os convidados noturnos começaram a dançar, cantar, bater palmas e comer, vorazmente, toda a comida que estava perto da esteira.

Iroco cantava, dançava, comia e crescia, e a comida se multiplicava.

Euá, cada vez mais intrigada, resolveu ficar visível de novo e, jogando um ofó sobre todos os participantes, pediu ao gigante, que lhe tomara a casa, explicações sobre os acontecimentos.

Iroco respondeu que tudo acontecia "por causa de Nló, o tímido senhor do crescimento, seu irmão, que vivia com ele, escondido, e que só aparecia durante as festas dos amigos noturnos, quando estes estivessem comendo, bebendo e não olhassem para ele"...

Euá determinou que, a partir daquele dia, "Nló ficaria invisível" aos olhos dos mortais e que ninguém poderia ver o crescimento dos seres, em geral.

"Toda a vez que alguém fixasse o olho sobre algo que estivesse crescendo, a ação seria interrompida, só retornando quando o curioso se distraísse..."

Determinou que Iroco teria como proibição morar dentro de casa e mesmo ter uma casa. Viveria no tempo, do lado de fora, cercado por tábuas.

Isso porque, pela ação de Nló, quase que Euá é expulsa da própria morada. Se não fosse capaz de se tornar invisível, teria sido expulsa, para valer.

• EUÁ •

EUÁ SE ENAMORA DE OXUMARÊ E VAI MORAR NO CÉU

Euá é a Senhora do silêncio.

Extremamente sensível e ótima ouvinte, vive a apreciar os sons das matas, dos pássaros e animais, o barulho das águas nas pedras. Gosta de permanecer sozinha a maior parte do tempo.

Iroco é um grande amigo de Euá. Ele respeita o silêncio dela, seu jeito de ser – esquisitão que é, mas muito generoso.

Euá deita nas raízes da árvore-orixá e perde horas a fio a contemplar o céu, nas noites de lua cheia, atenta a todas as linguagens que existem no Orum e no Aiê. Se ela parar de escutar, quem fará as traduções? Imperaria a incompreensão e o caos.

Tudo tem seu dia e chegou a ocasião de Euá querer dar um passeio pelas águas límpidas do universo.

Visitou cascatas e cachoeiras, rios, riachos, lagos, lagoas e nascentes, variando as moradas.

• EUÁ •

Dá-lhe prazer ver seu lindo reflexo nas águas espelhadas e límpidas, deliciosas de se beber.

Um belo dia de sol, depois de muitas tempestades, estando distraída a mirar seu reflexo no rio, sentiu-se ofuscada por uma chuva de luzes e cores: o arco-íris se refletia nas águas, anunciando a festa da vida, para a alegria de todos.

Tudo eram cores e luzes celebrando a volta do sol.

Euá emocionou-se com tamanha beleza, fulminantemente apaixonada por Oxumarê, o grande Senhor dos Céus, que se transforma em Dã, a serpente.

Oxumarê também se apaixonou por Euá e levou-a para as alturas, transformando-a na faixa branca do arco-íris, a que mais reflete a luz, a mais bela, fazendo dela sua companheira e confidente.

Euá se rendeu à beleza do filho de Nanã.

Dizem que ela também se transforma em cobra e volta à terra, para a intimidade de suas águas e florestas, para as raízes de Iroco, depois retornando aos céus.

Arro bo boi – Riró!!

EUÁ NÃO DESEJAVA CASAR-SE

Nanã, a mãe de Euá e Oxumarê, andava muito preocupada com a filha solitária e silenciosa, que vivia isolada do convívio de todos.

Euá era muito linda, tão linda como as manhãs ensolaradas, e tinha inúmeros pretendentes, mas não desejava contrair matrimônio com nenhum deles. Queria permanecer solteira e casta.

Sua vida se resumia na tarefa de fazer cair a noite, puxando o sol com o arpão. Ela era o próprio horizonte, o exato lugar de encontro entre o Orum e o Aiê.

Nanã andava tão preocupada com o jeito da filha linda e iluminada, hostil ao interesse dos pretendentes à sua mão, que resolveu consultar-se com o babalaô, pedindo ajuda para Orumilá: que fosse feito algo que mudasse a cabeça de donzela tão teimosa!

Euá e Oxumarê eram irmãos muito unidos. Na companhia de Oxumarê, o arco-íris, Euá ria-se, descontraía-se, era outra pessoa.

Quando ela soube das intenções de Nanã – de casá-la a pulso –, chorou tanto, tanto, tanto, que Oxumarê, apiedado, levou-a para o céu, escondendo-a detrás do arco-íris, num local onde Nanã não tem acesso. Nanã tem medo de alturas.

Os dois irmãos passaram a morar juntos para sempre: o arco-íris e o horizonte.

Quando ela volta ao Aiê, vem na forma de uma bela serpente amarela, rajada de vermelho, para que a mãe não a reconheça.

Arro bo boi – Riró.

EUÁ BRIGOU COM A GALINHA

Euá era muito pobre e lavava roupa de ganho para sobreviver.

Sua vida era bastante difícil. Ela era franzina, não aguentava torcer direito a roupa lavada, mas tinha que trabalhar de qualquer jeito. Se não lavasse roupas, não comia.

EUÁ

Levantava cedo, antes do sol nascer, e se punha a lavar, triste com seu destino.

Colocava a roupa no quarador bem próximo e, exausta, deitava na relva para descansar os pobres ossos sofridos.

Todo dia, quando acordava, tomava um susto: parte da roupa lavada estava suja de terra.

Como era muito resignada, lavava de novo.

Um belo dia, resolveu fingir que dormia.

Qual não foi seu espanto ao ver que a galinha vinha perto do quarador e sujava sua roupa de propósito. De pura maldade.

Euá se levantou rápido e enxotou a galinha má, jurando, em voz alta, que, daquele dia em diante, nem ela nem seus filhos teriam qualquer tipo de contato com esta ave imprestável. Grande proibição alimentar para os eleuás é a carne de galinha.

EUÁ MATA A SEDE DE SEUS REBENTOS

Euá era uma mulher pobre, que vendia no mercado para sobreviver.

As coisas andavam muito difíceis para ela.

Tinha dois filhos que eram a razão de sua vida.

Euá não tinha marido que a ajudasse no sustento das crianças: um menino e uma menina.

Levava as crianças junto para o mercado; não tinha com quem deixá-las.

Um dia, voltando do trabalho, triste porque nada vendera e deixara de comprar comida para as crianças, cabisbaixa e com fome, vinha pensando tanto na vida que se atrapalhou e errou o caminho, embrenhando-se nas profundezas da floresta.

Os filhos queixavam-se de fome e sede e Euá procurava o atalho de volta, sem sucesso.

A fome e a sede das crianças aumentava e crescia o desespero da mãe, que não conseguia achar a saída.

· **EUÁ** ·

Os filhos começaram a gritar e chorar de sede, até que não puderam mais e caíram no chão, mais mortos do que vivos.

Euá, desesperada em seu amor materno, pediu para Olodumarê que ele poupasse a vida dos seus rebentos, matando-lhes a sede.

Tamanho era o amor de Euá pelos filhos, que Olodumarê, comovido, transformou-a numa fonte de água cristalina, límpida, fresquinha, e as crianças beberam à saciedade, sobrevivendo.

A água jorrava forte, forte, transformando-se numa lagoa e depois num rio de águas cristalinas, o Odo Iyewá – rio Euá.

EUÁ SE TRANSFORMA EM NEBLINA E SE ESPALHA PELA TERRA

Euá vivia no reino de sua mãe, a poderosa Nanã, a grande senhora do Aiê, mãe dos poderosos Obaluaê

EUÁ

(o senhor da terra), Ossâim (o orixá das folhas), Oxumarê (o arco-íris) e Odé (o orixá caçador).

Gostava de todos os irmãos, preferindo Oxumarê, com quem tinha grande afinidade.

Era linda e desejada por todos. Já tinha idade suficiente para contrair matrimônio, sem que se decidisse por nenhum dos muitos pretendentes. E a fila estava cada vez maior...

Nanã foi ter com Orumilá, confessando-lhe o quanto desejava um casamento para sua única filha, Euá, menina bem comportada, sensível e esquiva, de maneiras solitárias, mas que ficava terrível, quando contrariada.

Queria que ela se casasse com um orixá rico e poderoso como seus irmãos Ossâim, Obaluaê e Oxumarê.

Vários pretendentes chegavam ao reino de Nanã, mas Euá não se decidia por nenhum deles. Secretamente jurara nunca se casar e a qualquer custo manteria a promessa.

• EUÁ •

Os pretendentes começaram a se digladiar, havendo um grande derramamento de sangue no reino de Nanã.

Por todo lado se via sangue e desolação dos pais e mães dos pretendentes mortos e o reino, antes próspero, perdia o encanto. Tudo murchava e não ia para a frente.

Euá, desesperada, foi ao encontro de Orumilá, pedindo-lhe ajuda.

Confidenciou-lhe a determinação de não se casar e a profunda tristeza causada pela morte de inúmeros inocentes.

Orumilá determinou-lhe que fizesse certo ebó.

Euá cumpriu a ordem ao pé da letra.

Então, começou a desaparecer, desaparecer, transformando-se em neblina e se espalhando por todo o Aiê.

O reino de Nanã voltou a ficar bonito e viçoso e Euá nunca mais teve que se preocupar com matrimônios indesejados...

EUÁ: A MÃE DO SEGREDO QUE MORA NO CEMITÉRIO

Havia uma jovem e casta princesa chamada Euá.

Esta donzela era a filha de um poderoso rei, Oxalá, que amava muito sua filha, em quem confiava acima de qualquer outra pessoa.

Euá era pura, graciosa, espiritual, silenciosa e trabalhadora: o encanto do reino de Oxalá.

Um dia, apareceu no reino um jovem guerreiro que seduziu e engravidou Euá.

Dizem que ela se apaixonara pelo guerreiro.

Ela escondeu a gravidez, principalmente de Oxalá, para quem a filha ainda era uma inocente donzela.

Desesperada e já sentindo as dores de parto, sem ter em quem confiar, fugiu do palácio real rumo à floresta, onde deu à luz um filho homem.

Sozinha, sem ajuda, Euá desfaleceu após o nascimento do filho.

O menino foi recolhido por Iemanjá, a senhora das águas profundas, que o levou para seu reino, dando-lhe o nome de Xangô.

• EUÁ •

Tamanha foi a dor de Euá, ao acordar sem ver o rebento, que foi se esconder no cemitério, mantendo o rosto coberto para que ninguém a reconhecesse.

Para alguns a mulher que aparece no cemitério é uma assombração, para outros, a Senhora da necrópole: Euá, a Mãe do Segredo.

EUÁ FOI MORAR COM IKU, A MORTE

Xangô se considerava o máximo: mulher nenhuma no mundo conseguia resistir aos seus encantos.

Era o mais belo dos reis, rico e cheio de si.

A fama da beleza de Euá corria mundo.

E Euá não era casada.

Xangô resolveu, a todo custo, seduzir Euá, nem que tivesse de trabalhar de servo em seu palácio. E foi o que fez.

Euá tinha o dom da vidência e da adivinhação.

Previra a chegada, em seu reino, de um grande senhor real que viria disfarçado em servo, com a intenção de seduzi-la. Assim, preparada, ficou imune ao charme do Senhor do Fogo.

Qualquer mulher que olhasse Xangô nos olhos brilhantes e de fogo, cairia apaixonada por ele, diretamente em seus braços.

Todos os dias, Xangô dava um jeito de ficar perto da princesa para que ela visse seus olhos. Euá, prevenida, não o olhava nos olhos.

O tempo ia passando e nada de Xangô conseguir o sucesso na empreitada.

Euá era inatingível, o que estava começando a provocar a ira do temperamental senhor.

Um dia, sem mais se conter, Xangô tentou possuí-la à força, de qualquer jeito: partiu para cima dela.

A pobre moça, apavorada, mas muito valente, deu uma mordida na mão de Xangô e conseguiu soltar-se, fugindo do palácio, com o rei disfarçado em seu encalço.

Xangô, furioso e pondo fogo pela boca, estava cada vez mais perto de Euá, quando esta avistou a porta do cemitério e entrou, o que fez com que o Rei de

· **EUÁ** ·

Oió fugisse apavorado, mas a tempo de dizer-lhe que ainda a possuiria de qualquer jeito: Xangô morre de medo de cemitérios...

Cansada de tantas perseguições, Euá resolveu fixar residência no Ilê Iboji – o cemitério –, onde estaria a salvo de Xangô, estabelecendo um grande relacionamento com Iku, a morte.

No Ilê Iboji, tornou-se a Senhora do saber da terra dos mortos, a responsável pela transformação e distribuição de todos os elementos que propiciam a decomposição dos cadáveres.

Ela suaviza o estado de passagem da vida para a morte e impede que o espírito reencontre o caminho de volta para o Aiê, acompanhando Oiá, aquela que transforma o morto em ancestral, na viagem rumo ao Orum.

Xangô detesta a morte e não se mistura com nada que "passe por perto de Iku". Assim, nunca mais molestou Euá, que veio a desposar Omolu, o Senhor dos Cemitérios, e viveu feliz para sempre no Ilê Iboji.

Riró – Atoto!

· EUÁ ·

XANGÔ SEDUZ EUÁ, A PRINCESA ENCLAUSURADA

Xangô era o maior mulherengo dentre todos os reis do mundo.

Não podia ver rabo-de-saia.

Ouviu falar de Euá, a linda princesa casta, que vivia enclausurada por Oxalá, seu pai, o qual tinha por ela um amor imenso e não queria que ninguém visse sua deslumbrante beleza.

Xangô jurou a si mesmo que não descansaria até seduzir Euá.

Ela tinha que ser dele de qualquer maneira.

Xangô era lindo, o mais belo de todos os homens: tinha olhos encantadores, cabelos trançados, argolas de ouro.

Ninguém exercia maior fascínio nas mulheres do que Xangô, o leopardo.

Resolveu oferecer-se como empregado no palácio do pai de Euá e, volta e meia, ficava próximo à torre onde a princesa estava enclausurada, para que ela o visse.

EUÁ

Confiava no próprio encanto.

Quando Euá o viu, sentiu-se invadir pela paixão e deixou-se seduzir.

Mulher alguma resistia aos fascínios deste rei.

Xangô, satisfeito em seus instintos, abandonou a jovem apaixonada, a qual, consciente do engodo, jurou que jamais seria tocada por outro homem enquanto vivesse.

Tamanha sua amargura, tamanho seu sofrimento, que Olodumarê a transformou na padroeira das virgens e das mulheres estéreis.

Contudo, há quem acredite no amor eterno de Euá por Xangô.

Será que é verdade?

O fato é que ele, numa outra ocasião, quase é convencido por Euá e Ossâim a se enforcar; seu reino de Oió estava afundando e ele, ingenuamente, fora se aconselhar justo com Euá, a qual o aconselhou a enforcar-se e morrer gloriosamente...

Se não fosse Oiá, o rei teria se enforcado mesmo!

Kabi e ci! Epa hei!

EUÁ

EUÁ ESPANTA XANGÔ NO CEMITÉRIO E O BOTA PARA CORRER

Xangô, muito cheio de si e contente com a vida, saiu dançando pelas ruas.

Dançava ao som do batá, seu tambor predileto.

Dançava, cantava e batia palmas sem parar.

Chegou num lugar coberto de neblina, sempre cantando e dançando. Não se enxergava quase nada.

Continuava a dançar e cantar, ao som do ilu batá.

No meio da neblina apareceu uma linda mulher, questionando o porquê de tanta dança e cantoria naquele lugar.

Xangô, muito arrogante, disse-lhe que bailava onde bem quisesse e que não devia satisfações a ninguém.

A mulher, que se chamava Euá, num passe de mágica dissipou a bruma e Xangô "caiu na real": estava dançando no cemitério, lugar que lhe causa pavor. Nem ele nem seus filhos costumam freqüentar a cidade dos mortos.

(Xangô detesta egum, espírito de morto, desde que ele vestiu roupas idênticas às suas, com banté e tudo, e "saiu aprontando": chegava nos lugares e fingia que era Xangô, comendo as comidas e recolhendo as oferendas destinadas ao rei. Xangô mandou cortar a cabeça de egum e disse que nunca mais queria vê-lo em sua frente.)

Saiu esbaforido, para grande diversão da Senhora dos cemitérios, que ria ao ver homem tão grande fugir apavorado, pondo os bofes pela boca!

EUÁ NÃO COME CARNEIRO

Euá é muito amiga de Oiá, sua irmã.

Há quem diga que Oiá foi namorada de Obaluaê e conseguiu que ele mostrasse o rosto, sob as palhas.

Provocou um grande vento e o azê foi levantado.

Ao contrário do que pensavam, o rosto de Obaluaê é belíssimo.

Obaluaê gosta muito de Oiá e de sua espontaneidade desinteressada. Ela é alegre, bonita, brejeira e generosa.

De todos os orixás femininos, Euá e Oiá são as que mais se dão.

EUÁ

Muitas vezes Oiá acompanha a irmã em suas inúmeras viagens ao céu, rumo ao reino de Oxumarê.

Outras vezes, Euá acompanha Oiá no transporte dos espíritos do Aiê para o Orum.

Elas se entendem às mil maravilhas.

Conta a história que Oiá estava muito triste, triste mesmo e Euá lhe perguntou o motivo de tamanha tristeza.

Oiá não parava de chorar. Seu rosto era um inchaço só!

Oiá respondeu que era por causa da traição do carneiro, que quase a levara à morte. Ela tivera que se transformar numa abóbora – no meio de uma plantação de muitas abóboras – para que conseguisse salvar a pele. Seria eternamente grata à abóbora. Jamais comeria abóboras, por gratidão, proibição alimentar estendida a seus filhos

O carneiro dera uma de seu amigo, mas na verdade era um tremendo traidor, alcagüete de primeira... Ele, mesmo, conduzira os inimigos de Oiá, à sua procura, para o lugar onde ela costuma ficar.

"E ele era meu amigo, Euá, meu amigo do peito!... Amigo e confidente! Ele comia na minha gamela e cansou de dormir na minha esteira..."

Euá ouvia a história da irmã, apiedada.

Oiá sempre fora ingênua. Não tinha que confiar em ninguém. Não lhe dissera, sempre, que os amigos é que mais causam problemas?!

Daquele dia em diante, decidiu que jamais comeria carne de carneiro, animal traidor.

Ele seria o menos inteligente dos quadrúpedes, desprovido de imaginação.

Toda vez que fizesse o mal para alguém, seria descoberto e desmoralizado.

Diga-se que antes de tal data, o carneiro era inteligentíssimo, galante, falador, mais esperto do que o macaco. Euá o transformou no que é: covarde e abobalhado.

Inconformada com a traição do abô, o carneiro, Euá convocou no palácio do pai, Oxalá, os irmãos Obaluaê, Omolú, e Oxumarê e todos repudiaram o carneiro.

Obaluaê jurou que ele não teria ingresso em seu culto, seria um animal amaldiçoado – recebendo o apoio de Oxumarê, Iroco, Ossâim e Nanã.

Oxalá e Odudua declararam que também repudiavam o carneiro, que seria proibido de colocar os pés em seu reino.

É por tal motivo – a traição do carneiro a Oiá e o apoio de Euá –, que filhos de Oiá, Oxalá, Nanã, Euá, Oxumarê, Iroco, Ossâim e Obaluaê são proibidos de comer carneiro, animal medroso e pouco inteligente.

EUÁ VEIO PARA TRAZER DESCANSO

Obatalá criou o homem e todos os seres viventes que existem no Aiê.

O homem tinha tudo o que precisava ao seu alcance.

O homem foi dotado da capacidade de pensar.

E pensava, pensava, pensava... Não tinha um momento no qual parasse de pensar.

· EUÁ ·

Dia a dia o homem definhava, não queria alimentar-se – a comida era a mesma – nem procriar ele queria.

A espécie estava ameaçada.

O homem pensava e pensava, sem parar.

E quanto mais pensava – sem cessar – mais definhava.

Tudo era muito monótono e igual.

Preocupado, Oxalá foi consultar Orumilá, o qual lhe disse que o homem, por ter tudo, sentia falta da imaginação e do sonho. Aconselhou o grande orixá a ir ter com a filha, Euá.

Uma vez consultada sobre o assunto, Euá começou a trabalhar, tratando de separar o dia da noite, o claro do escuro, o quente do frio, o sol da lua, o Aiê do Orum, os animais dos homens, utilizando como ferramentas a magia, o sonho, a ilusão, o faz-de-conta e o mistério.

Fez o homem conhecer o medo e a dor.

Transformando-se na galinha de cinco dedos, Euá aplainou o Aiê, deixando o mundo uma belezura.

O homem continuava a pensar sem parar, só que desta vez pensava assustado.

Oxalá preocupava-se mais e mais.

Então, Euá criou o sono, o descanso, a trégua, o período no qual o homem sai do mundo real para o mundo imaginário, o mundo da fantasia onde tudo acontece, conduzido pelos sonhos. E o homem voou, amparado pelos sonhos. E o homem gostou de voar.

Euá criou sonhos coloridos e terríveis pesadelos...

E o homem dormiu.

E o homem sonhou.

O homem já não era mais o mesmo!

Começou a modificar sua comida, a inventar iguarias diferentes, a perceber os cheiros das coisas, o perfume.

Começou a transformar, a reproduzir, a pintar.

E o homem ordenou os sons da natureza.

E o homem abriu a boca e cantou.

E o homem se alegrou.

O homem percebeu que estava vivo!

Já não era mais o mesmo! O homem percebeu a Natureza e quis dividir com ela o sentimento de eternidade.

Nascera a poesia.

Posfácio

Que deleite! Uma leitura igual a esta tem a capacidade de nos transportar ao mundo mágico da aiabá dos encantamentos.

Não é muito fácil escrever sobre um orixá como Euá.

Pesquisar não é o caso, o negócio é viver os mitos, entender verdadeiramente os ensinamentos.

A conclusão que se tira de uma leitura como esta é de que a vidência, magia e transformação pessoal e espiritual dos filhos de Euá ao longo da vida, são atributos do próprio Olodumarê.

Este orixá feminino é capaz de participar com Odé das caçadas, com Ogum da invenção de coisas, além de dividir um espaço sagrado com Oxumarê no céu, conviver com Obaluaê no cemitério e descansar com Iroco, em suas raízes.

Todo Oluô deve venerar Euá, pois ela aprimora a vidência e traz sensibilidade.

Apesar de preferir que seus filhos vivam mais solitários do que em grupo, ela ajuda na comunicação. Seus filhos são "polêmicos" e desprendidos.

Senhora das "artes e manhas" (sim), Euá é a padroeira da magia e das artes.

Os mitos e itans, recolhidos de diferentes bocas e tradições, nos mostram a energia, a sensibilidade, a magia e até a maneira como as filhas e os filhos de Euá se comportam, tanto na vida religiosa, como na social.

Temos a descrição dos adereços e roupas deste orixá, as iguarias, as danças, a diversidade das nações e podemos perceber que tudo varia de casa para casa, o que não poderia ser diferente, pois Euá fala na sensibilidade de cada um de nós.

Euá é a Senhora das possibilidades porque a versatilidade deste orixá, permitida por Olodumarê, atribui à mesma total controle sobre os cinco sentidos dos seres vivos em geral, dada a afinidade que ela também tem com os animais. Ela tudo pode, se transforma, cria, recria e se adapta a qualquer situação existente.

· **EUÁ** ·

Viajando pela leitura destas páginas dinâmicas e poéticas, vemos que não estamos sós: Euá nos espreita e acompanha, dando a cada um a possibilidade de entender este ou aquele aspecto apontado, de acordo com os gostos e sensibilidade, à espera da polêmica que virá.

Maria Stella de Azevedo Santos,
– Odé Kayode –
Ialorixá do Ilê Axé Opô Afonjá

Glossário

- Adê

(iorubá adè) – Coroa.

- Adô

Pequena cabaça coberta de pano.

- Ajés

(iorubá aje) – Como são chamadas as "èleyé". (v.)

- Alabê

Nome dado aos sacerdotes, "tocadores", na Nação de Ketu.

- Alaketu

Nome pelo qual é conhecido o Terreiro Maroalage, situado no bairro soteropolitano de Matatu de Brotas.

- Asiwaju

(iorubá) – Vanguardeiro.

- Assentos

Conjunto de objetos sagrados e consagrados que representam o próprio orixá.

- Atarê

Pimenta-da-costa.

• **EUÁ** •

- Axé

(ioruba ase) – Força, "assim seja", magia e também nome atribuído às casas de culto aos orixás.

- Aiê (aye)

Terra.

- Aiabá

Rainha; nome pelo qual os orixás femininos (e seus filhos e filhas) são designados.

- Bate-folha

Nome popular do terreiro congo "Mansu Banduquequé", fundado no início do século e situado em Salvador, Bahia, no bairro "Mata Escura".

- Babá

(iorubá) – Papai, pai.

- Babakekeré

(pai-pequeno) – Segunda pessoa na hierarquia religiosa do terreiro.

- Babaluaiê (Obaluaê)

Um orixá masculino, ligado à terra.

- Bafono

Um dos nomes de Bessém.

- Bamburucena

Inquice feminino corresponde a Oiá, dos iorubás, também chamada de Caiango, Capanju e Inkodiabambu.

- Bessém

O vodum serpente; o principal vodum do povo jeje.

- Bogum

O mais tradicional terreiro jeje-mahi da Bahia, localizado em Salvador, no Bairro do "Rio Vermelho de Baixo".

- Camisu

Peça do vestuário feminino: camisa, blusa.

- Candomblé

Nome popular dado, no Brasil, às casas de culto a orixás, voduns e inquices.

original (bantu) casa de oração. Para alguns, local onde se dança.

- Casa

Sinônimo de templo.

- Casa-Branca

Primeiro terreiro de orixás da Bahia, também conhecido popularmente por "Engenho Velho", cujo nome é Ase Iya Naso Oka Bangbose Obitiku. Desta importante casa saíram os Candomblés do Gantois e Opô Afonjá.

- Corcunda de Iaiá

Antigo terreiro jeje da nação savalu.

- Doné

Sacerdotisa suprema, nas nações jeje-mahi e savalu. (O masculino é Doté.)

- Ebó

Oferenda ou sacrifício propiciatório.

- Ebome

(iorubá Egbón mi) irmão(ã) mais velho(a). Termo utilizado para os filhos-de-santo com a iniciação completa e tratamento que se dá a poucos e importantes veteranos.

- Efã
- (or. iorubá efon) – Povos de fala iorubá localizados em determinadas regiões da Nigéria.

Nome dado a uma nação de candomblé próxima às nações de ketu e ijexá.

- Efun

Giz branco usado para iniciação e outros rituais.

- Ègbé

(iorubá) – Sociedade.

• EUÁ •

- Eleuá (ou euaci)

Nome que se dá aos filhos de Euá.

- Eleyé

(iorubá) – Dono(a) do pássaro. Nome dado a feiticeiras que se transformavam em pássaros, também chamadas de Iya mi (ioruba – "minha mãe").

- Euatossi

Nome de uma pessoa iniciada para Euá.

- Euó

Proibição, quizila (bantu– quizília).

- Filho(a)-de-santo

Iniciado na religião dos orixás, voduns e inquices.

- Gantois

Apelido do terreiro Ile Iya Omi Ase Iyamase, localizado em Salvador, no Bairro da Federação.

- Guanguacessi

Nome de uma iniciada de Caiá (Caiaris) na nação congo, inquice correspondente à Iemanjá dos iorubás.

- Ialorixá

(or. iorubá Ìyálorisa) – Sacerdotisa suprema dos Orixás.

- Iaô

Original iyawó (iorubá) – filho-de-santo até os sete anos de iniciação e com todas as obrigações completas, quando passa a ser chamado de Ebome, ou Ebame.
Esposa(o) do orixá.

- Ijexá

Povo de fala iorubá localizado na Nigéria.
O principal culto ao orixás Oxum (Osun), Erinlé e Logunedé é feito em Ijexá.
O nome dado a uma "nação" de candomblé próxima à nação de ketu.
Ritmo sacro entoado nos terreiros das nações de ketu, ijexá e efã.

- Inquice

Divindade (ou divindades) dos povos bantus.

- Itan(s)

Versos recitados pelo babalaô (babalawo) nos jogos oraculares.

- Iyáefun

Cargo encontrado nos Terreiros de origem iorubá.

- Ketu

Localidade do Benim, antigo Dahomey, de língua e cultura iorubás cujo chefe é o Alaketu.

- Kissanga

Inquice feminino, cujo Orixá correspondente é Euá.

- Limo-da-costa

Tipo de manteiga, também conhecido por ori.

- Mãe-pequena

(iorubá òjúbona) – A ebome que toma conta de alguém que está passando pelo processo de iniciação, ou complementando este processo.

- Nação

Expressão popular usada pelos membros dos candomblés, que toma como referência o culto praticado: orixás (nação "ketu"), inquices (nação "angola") e voduns (nação "jeje").

- Nochê

Sacerdotisa suprema no jeje-mina, do Maranhão.

- Oba

(iorubá) – Rei.

Prefixo do nome dos iniciados de Xangô.

Sacerdotes (masculinos) de Xangô, no Opô Afonjá.

- Obatalá-Oxalá

Orixá ligado ao "branco".

- Odudua

Orixá ligado(a) a Obatalá.

- Ojás – (plural) – (iorubá ojà)

Tiras de pano de mais ou menos um metro e meio de largura, usadas como parte do vestuário da filha-de-santo. Os ojás podem ser usados na cabeça, em forma de turbante, ou no peito, em forma de laço.

- Odé

(iorubá Ode) – Caçador.

- Ofá

Pequeno arco-e-flecha.

- Ofó

Pó mágico, preparado especial – "atim".
Nome de divindade iorubá.

- Ojori

Segundo orixá (junto) – E uma expressão particularmente usada no Gantois.

- Olhador

Sacerdote ou sacerdotisa que tem como uma das atribuições a consulta oracular.

- Olhar

Expressão popular usada para consulta oracular.

- Olórum

Senhor dos céus, um dos epítetos de Olodumarê- sincretizado com Deus (judaico-cristão).

- Olodumarê

(Deus).

- Onijá

(iorubá) - Guerreiro.

- Opô Afonjá

(Ase Òpó Afonjá) – Terreiro dedicado ao "Orisa Sàngó" (Xangô), fundado por Eugennia Anna dos Santos, Oba Biyi, em 1910, responsável pela liberação, no Brasil, de qualquer tipo de manifestação religiosa de origem africana, dados seus apelos ao então ditador Getúlio Vargas, por intermédio do Ministro Graça Aranha. O Axé Opô Afonjá está localizado no bairro soteropolitano do Cabula (São Gonçalo do Retiro). E popularmente chamado de "Candomblé de São Gonçalo".

- Ori

Cabeça. Termo também usado no sentido espiritual.

- Orixá

(or. iorubá Orisa) – Divindade dos iorubás.

- Orum

Céu.

- Osun

Pó vermelho utilizado para iniciações e outros preceitos.

- Oxóssi

(or. iorubá Osowusi) – Orixá da família de Odé.

- Oxumarê

Orixá do arco-íris, representado por uma serpente abraçando o globo terrestre.

- Oiá

(or. iorubá Oyá) – Orixá feminino, também chamado Iansã (or. ioruba Iyánsan).

- Oyakoromilonã

(or. iorubá Oyákoromilona) – Nome de iniciado(a) para o Orixá Oiá.

- Oió

Principal localidade da Nigéria, de culto ao Orixá Xangô.

EUÁ

- Pai-pequeno

O ebome responsável por alguém durante o processo de iniciação, ou complementação deste.

- Querebetã

Casa (templo) na nação jeje-mina.

- Roupa de ganho

Expressão popular utilizada na Bahia para quem lava roupa profissionalmente: "as lavadeiras lavam roupa de ganho".

- Runtó

("fon" Huntó) – Nome dado aos sacerdotes "tocadores", na nação jeje.

- Saia com pouca roda

As iniciadas usam muitas anáguas engomadas sob a saia principal. "Pouca roda", quer dizer, pouca goma.

- Savalu

Vodum ligado ao culto da serpente. Savaluno.

- Tateto Inkice, Tata Inkice ou Tata Kimbanda

Sacerdote supremo nos terreiros da nação congo-angola.

- Terreiro

Sinônimo de casas de culto a orixás, voduns e inquices, no Brasil.

- Tumba Junçara

Terreiro angola fundado por Manuel Ciríaco de Jesus, "Tata Ciríaco" (Ludiamugongo), nas primeiras décadas do século, atualmente situado no bairro da "Vila América".

- Xangô

(or. iorubá Sàngó) – Divindade iorubá.

- Xicarangoma

Nome dado aos sacerdotes "tocadores", na nação congo-angola.

- Vodum

(vodun) – Divindade do povo jeje (fon).

- Vodunci

Iniciado(a) na nação "jeje". Termo popularmente empregado para "sabido", "preparado". Aquele que valoriza o que aprendeu.

- Waji

Pó usado para iniciações e outros rituais.

- Yewá

Orixá feminino – Iyewá (Euá) – A Senhora das possibilidades.

Bibliografia

ABIMBOLA, Wande. *Yoruba oral tradition*. Ibadan. Ibadan University Press, 1975.

AZEVEDO, Stella e MARTINS, Cléo. *E daí aconteceu o encanto*. Opô Afonjá. Salvador, 1988.

AZEVEDO, Stella. *Meu tempo é agora*. 1ª edição: Ed. Oduduwa. São Paulo, 1993.

BASTIDES, Roger. *O candomblé da Bahia*. (Rito Nagô), 3ª edição, São Paulo: Nacional, 1978.

——— . *Estudos afro-brasileiros*. São Paulo: Perspectiva, 1973.

——— . *As religiões africanas no Brasil: contribuição a uma sociologia das interpenetrações de civilizações*. São Paulo: Pioneira & Edusp, 1971.

BOURDIER, Pierre. *A economia das trocas simbólicas*. São Paulo: Perspectiva, 1974.

CARYBE. *Os deuses africanos no candomblé da Bahia. African gods in the candomblé of Bahia*. 2ª edição. Salvador: Bigraf, 1993.

CACCIATORE, Olga G. *Dicionário de cultos afro-brasileiros*. Rio de Janeiro: Forense, 1988.

CARNEIRO, Edson. *Candomblés da Bahia*. Rio de Janeiro: Edições de Ouro, 1961.

COSTA EDUARDO, Octávio da. *The negro in northern Brazil A estudy in acculturation.* New York: JJ. Augustin Publisher, 1948.

COSTA LIMA, Vivaldo da. "O conceito de 'nação' nos candomblés da Bahia". In: *Afro-Asia.* Salvador, (12): 65-90. Jun., 1976.

—————. *A família de santo nos candomblés jeje-nagôs da Bahia. Um estudo de relações intragrupais.* Salvador: UFBa, 1977.

CABRERA, Lydia. *El monte – igbo – finda – ewe orisha – vititinfinda.* 6ª edição. Coleção dei Chicherekú. Miami, Flórida, 1996.

CHESI, Gert. *Voodoo - Africa's secret power.* 1ª edição, 1979/80. 2ª edição, 1980/81. Perlinger Verlag: Áustria.

ELLIS, A. B. *The yoruba – speakingpeopies of the slave coast of West África religions, manners, customs, laws, language etc.* Curzon Press Ltd/ Pilgrim Books Ltd: Londres/Lagos, 1974.

FERREIRA, Aurélio B. de H. *Novo dicionário da língua portuguesa.* 1ª edição. Rio de Janeiro: Ed. Nova Fronteira, 1975.

FERRETTI, Sérgio. *Querebentã dezomadônu- etnografia da Casa das Minas do Maranhão.* Edufma: São Luís, 1996.

FISCHER, Ernst. *A necessidade da arte.* Rio de janeiro: Zahar, 1996.

GLASGOW, Roy. *Nzinga.* São Paulo: Perspectiva, 1982.

KURY, Mário da Gama. *Dicionário de mitologia grega e romana.* Rio de Janeiro: Zahar, 1990.

LANDES, Ruth. *A cidade das mulheres*. Rio de Janeiro: Civilização Brasileira, 1961.

LIGIÉRO, Zeca. *Iniciação ao candomblé*. 2ª edição. Rio de Janeiro: Ed. Record, 1994.

LUZ, Marco A. de O. *Agada: dinâmica da civilização afro-brasileira*. Salvador. UFBa & Secneb, 1988.

MARINHO, Roberval José. "Arte e educação no universo cultural nàgó – o Ilê Axé Opô Afonjá – um estudo de caso (1977-1978)". São Paulo: ECAUSP, 1989 – (Tese de Doutorado)

MOURA, Carlos Eugênio Marcondes de. *As senhoras do pássaro da noite – escritos sobre a religião dos orixás*. EDUSP-Editora da Universidade de São Paulo: São Paulo, 1994.

NUNES PEREIRA, Manuel. *A Casa das Minas – o culto dos voduns jeje no Maranhão*. 2ª edição. Petrópolis: Vozes, 1979.

RAMOS, Arthur. *Introdução à antropologia brasileira. Os contatos raciais e culturais*. 3ª edição. Rio de Janeiro: Ed. Livraria da Casa do Estudante do Brasil, 1962.

RODRIGUES, Nina. *Os africanos no Brasil*. São Paulo: Nacional, 1935.

SÀLÁMÌ, Síkírú. *A mitologia dos orixás africanos*. São Paulo: Ed. Oduduwa, 1990.

SANTOS, Descóredes M. dos. *Contos crioulos da Bahia*. Petrópolis: Vozes, 1976.

SANTOS, Juana Elbein. *Os nagô e a morte*. Petrópolis: Vozes, 1996.

VERGER, Pierre Fatumbi. *Ewe - o uso das plantas na sociedade iorubá*. São Paulo: Companhia das Letras, 1995.

VERGER, Pierre Fatumbi. *Fluxo e refluxo do tráfico de escravos entre o Golfo do Benim e a Bahia de Todos os Santos: dos séculos XVII a XIX*. Tradução: Tasso Gadzanis. São Paulo: Corrupio, 1987.

———. *Orixás – Deuses iorubás na África e no Novo Mundo*. Salvador: Corrupio, 1981.

Este livro foi impresso em novembro de 2019,
na Gráfica Assahí em São Paulo.
O papel de miolo é o offset 75g/m2
e o de capa é o cartão 250g/m2.
A fonte usada no miolo é a Gill Sans 10/17.